# DAS ALPENKORPS AN DER DOLOMITENFRONT 1915

REGIONE AUTONOMA TRENTINO-ALTO ADIGE
AUTONOME REGION TRENTINO-SÜDTIROL
REGION AUTONÓMA TRENTIN-SÜDTIROL

Die Drucklegung dieses Buches wurde ermöglicht durch die Südtiroler Landesregierung/Abteilung Deutsche Kultur, die Nordtiroler Landesregierung/Abteilung Kultur und durch die Autonome Region Trentino-Südtirol in Zusammenarbeit mit dem Tiroler Geschichtsverein.

Immanuel Voigt

# DAS ALPENKORPS AN DER DOLOMITEN-FRONT 1915

## MYTHOS UND REALITÄT

BIBLIOGRAFISCHE INFORMATION DER DEUTSCHEN NATIONALBIBLIOTHEK
Die Deutsche Nationalbibliothek verzeichnet diese Publikation in der Deutschen Nationalbibliografie; detaillierte bibliografische Daten sind im Internet abrufbar: http://dnb.d-nb.de

2015 · Zweite, erweiterte Auflage

Umschlagfoto/Umschlagillustration: Männer des Jäger-Regiments Nr. 3 bei einer Kletterübung (Sammlung Andreas Kammlodt)
Design & Layout: Athesia-Tappeiner Verlag

ISBN 978-88-6839-118-8

www.athesiabuch.it
buchverlag@athesia.it

# Zur Erinnerung an Paul Voigt

(1889–1919)

# Inhalt

# „Bayerisch-tirolische Waffenbrüderschaft“? Das Alpenkorps 1915 in Tirol.

Nach der Kriegserklärung des Königreichs Italien an Österreich-Ungarn erhielten die schwachen österreichischen Truppenverbände und die einrückenden Standschützen unerwartete, aber willkommene Verstärkung. Bereits am letzten Maitag 1915 schilderte Zeitzeuge Anton von Mörl, später Sicherheitsdirektor von Tirol, fasziniert das Eintreffen einer motivierten Truppe, die den Tirolern den Rücken stärkte:

„Am Morgen des 31. Mai kam ein bayerisches Jägerbataillon gegen Sexten anmarschiert. Für uns ein ungewohntes Bild. Die Kompanien dicht geschlossen, jede Doppelreihe mit der Nase beinahe auf dem Tornister der Vorderen. Die Kompanien in strengem Schritt und gleichen Abständen. [...] Die hohen Stiefel rauschten im Takt einer Maschine durch den grundlosen Kot der Sextener Straße [...]. Uns allen aber schien diese unentwegt durch Regen und Kot marschierendeTruppe mit dem unwiderstehlichen Rhythmus ihres Marsches wie ein Symbol der deutschen Armee.“

Es waren Verbände des Alpenkorps, die den jungen Mörl beeindruckten. Sie waren in kürzester Zeit aus der deutschen Westfront herausgelöst und nach Tirol abtransportiert worden. Regisseur der Operation war der deutsche Oberkommandant Erich von Falkenhayn, der die im Süden von Italien kalt überraschten österreichischen „Waffenbrüder“ zu stärken suchte, aber auch Süddeutschland decken sollte. Zugleich zielte die Aktion Falkenhayns nicht nur auf militärische Bundeshilfe: Seit geraumer Zeit war er in Konflikt mit dem bayerischen General Konrad Krafft von Dellmensingen. Der Einsatz eines großen, überwiegend bayerischen Verbandes unter dem Kommando Kraffts schaffte Falkenhayn einen lästigen Partner vom Hals, der mit der neuen Aufgabe sogar avanciert schien. Die Bayern nahmen das als Beförderung getarnte Abschieben durchaus positiv auf: Für das bayerische Königshaus und

Generalleutnant Krafft von Dellmensingen bot der Einsatz im Süden eigene Gestaltungschancen und Freiräume.

Um solche Hintergründe scherte man sich in Tirol wenig, sondern freute sich vor allem über die unerwartete Verstärkung. Zug um Zug rollte das rasch formierte Alpenkorps bereits Ende Mai von Bayern in Richtung Brenner, bis die Einheiten in Bozen und Brixen auswaggoniert wurden. Neben dem Bahntransport kamen die Deutschen auf vielen Lastwagen und Motorfahrzeugen ins Land, da das Alpenkorps zu den bestmotorisierten Truppen zählte.

Das Korps erreichte eine Stärke von rund 26000 Mann, die sich in 13 Bataillonen formierten. Der „Führer des Alpenkorps", Generalleutnant Krafft von Dellmensingen, kannte Tirol und seine Berge von Jugend an, zumal seine Eltern in Meran begraben waren. Sein Stab bezog vorerst Quartier im Hotel zum „Elephanten" in Brixen, wo sich im Gästebuch von 1915 heute noch seine markante Unterschrift findet.

Das Buch des jungen, aus Jena stammenden Historikers Immanuel Voigt schildert in seiner knappen, alle wichtigen Fragen behandelnden Darstellung den Einsatz des Alpenkorps in Tirol: die großen strategischen Voraussetzungen im Mai 1915, die keinesfalls einfache Aufstellung des Korps, das sich erst zur Gebirgstruppe formieren musste, zumal es eine solche Einheit im Deutschen Heer bisher nicht gab. In der Darstellung von Immanuel Voigt gewinnen die Herausforderungen des Gebirgskrieges besondere Anschaulichkeit, da hier deutlich wird, mit welchen Schwierigkeiten ein Einsatz im Hochgebirge verbunden war. Der Autor beschreibt mit besonderer Sorgsamkeit die sensible Position des Alpenkorps als militärische Einheit des Deutschen Reiches, das sich mit Italien noch nicht im Krieg befand. Dies war erst 1916 der Fall. Die nur bis Oktober 1915 währende Mission des Korps zwischen Deckung und echtem Gefechtseinsatz war eine stete Gratwanderung, zumal seine Einheiten und sein Kommando sich auch mit den Verbündeten der k. u. k. Armee und den Verbänden der Tiroler Standschützen abstimmen mussten.

Umso mehr Bedeutung gewann der Kommandierende des Alpenkorps, Konrad Krafft von Dellmensingen, dessen Biografie und Profil als „Führer des Alpenkorps“ der Autor Voigt ausführlich würdigt. „Exzellenz Krafft“ war ein schneidiger und entschiedener Befehlshaber, mit dem Gebirge vertraut, für die „österreichischen Waffenbrüder“ nicht durchwegs pflegeleicht, aber von großer Effizienz, wie er dann später auch in weiteren Einsätzen des Alpenkorps in Serbien, vor Verdun oder in Rumänien bewies. Sein militärischer Ruhm wurde freilich durch seine Rolle im Dritten Reich dauerhaft verdunkelt, zumal er auch durch einen aggressiven Antisemitismus auffiel, auf den der Krafft-Biograf Thomas Müller hingewiesen hat.

Die Arbeit von Immanuel Voigt besticht durch eine sorgsame Analyse der Erinnerung an den Einsatz des Alpenkorps. Die ideologische Verklärung als „deutsch-österreichische Waffenbrüderschaft“ und als Ausdruck der Verbindung Tirol-Bayern wird durch den eingehenden Blick auf die Erinnerungsliteratur und von deutschnational gefärbten Filmen wie „Standschütze Bruggler“ kritisch hinterfragt.

Immanuel Voigt wagt sich auf sorgfältig erschlossener Quellengrundlage erneut an das vielfach behandelte Thema des Alpenkorps heran. Seine Verbindung von Fragen der Militärgeschichte und Landeshistorie mit dem großen Umfeld des Ersten Weltkriegs ist ebenso verdienstvoll wie die erinnerungs- und kulturgeschichtliche Dimension, die er in seinen Band einbringt. Besondere Anerkennung gilt dem ausführlichen Bildteil, der mit zahlreichen, bisher unveröffentlichten Fotografien aus privaten Archiven und eigener Sammlung aufwartet.

Im Rahmen des Großen Krieges war der Tiroler Einsatz des Alpenkorps eine Episode, die sich im Vergleich zu späteren Kämpfen nur allzu leicht verklären ließ. Immanuel Voigt legt nun ein Buch vor, das sich durch sachliche Argumentation überzeugend gegen solche Verklärung und Verzerrung richtet, dem ich eine große Leserschaft wünsche.

*Hans Heiss*

Das Bild zeigt Angehörige des Jäger-Regiments Nr. 3 beim Anmarsch in Südtirol 1915, in der Nähe von Kardaun. Bei dem Kirchlein handelt es sich um die St.-Justina-Kirche oberhalb von Bozen in Richtung Ritten.

# Einleitung

Am Pfingstsonntag 1915 begann sich der Erste Weltkrieg auch auf die Berge der Alpen auszuweiten. Keine der kriegführenden Nationen war auf diese Situation ausreichend vorbereitet, da die Erfahrung für solch einen Fall gänzlich fehlte. Nie zuvor wurde im Hochgebirge über einen längeren Zeitraum Krieg geführt. Bisher versuchten die Militärs derartiges Gebiet zu meiden, da die Meinung vorherrschte, dass ein Krieg im Gebirge schwierig zu führen sei und wenig Erfolg verspreche. Das Deutsche Reich verfügte bis 1915 über keine Gebirgstruppe, da man diese für unnötig hielt. Als sich allerdings 1915 die Lage zuzuspitzen begann und ein drohender Krieg mit Italien unvermeidlich schien, entschloss man sich, auch in Deutschland eine Gebirgstruppe aufzustellen, um die eigenen Grenzen im Süden im Falle eines Falles zu schützen sowie den Österreichern gegen Italien Unterstützung zu gewähren. Somit stellt die Kriegserklärung Italiens an Österreich-Ungarn zugleich die Geburtsstunde der deutschen Gebirgstruppe und speziell des Alpenkorps dar.

Das vorliegende Buch zeigt und bewertet in den ersten Kapiteln die Eigenheiten des Kriegsschauplatzes Hochgebirge, um den Unterschied zum ebenen Kriegsschauplatz hervorzuheben. Zudem unterscheidet sich das Alpenkorps von anderen Einheiten des deutschen Heeres im Ersten Weltkrieg. Diese Unterschiede und Besonderheiten werden ebenfalls verdeutlicht. Um dem Leser ein besseres Verständnis für die Zeit der Entstehung und den ersten Einsatz des Alpenkorps zu geben, wird zu Beginn der historische Zusammenhang aufgezeigt.

In diesem Kontext führt das Buch das Verhältnis zwischen Italien und Österreich-Ungarn am Vorabend der italienischen Kriegserklärung vor Augen, beschäftigt sich daneben mit der militärischen Lage der Mittelmächte im Frühjahr 1915 und analysiert spezielle Aspekte, welche im unmittelbaren Zusammenhang mit dem sogenannten „Einsatz in Tirol“ stehen. So findet sich zum Beispiel eine Betrachtung über das „Edelweiß"-Abzeichen an der Kopfbedeckung der Soldaten des Alpenkorps, welches die Männer deutlich vom Rest der deutschen Armee abhob, oder eine Analyse über die schon während des Krieges viel gerühmte „deutsch-österreichische Waffenbrüderschaft" ebenfalls in diesem Buch. Der „Führer des Alpenkorps", Generalleutnant Konrad Krafft von Dellmensingen, wird dem Leser in einem eigenen Abschnitt nähergebracht. Vor allem sein persönliches Kriegstagebuch, welches er über den Einsatz in Tirol schrieb, ist äußerst aufschlussreich und bildet eine sehr interessante, zeitgenössische Quelle.

**Männer der Kraftwagen-Kolonne 695 stehen vor dem „Gasthaus Ladinien" in Stern (La Villa).**

Darüber hinaus ist der Einsatz in Tirol operationsgeschichtlich dargestellt, das heißt, der Leser findet einzelne Aspekte zu den Einsatzbereichen des Alpenkorps. Dabei werden besonders Aufgaben und Probleme berücksichtigt, deren Bewältigung half, aus dem Alpenkorps eine Gebirgstruppe entstehen zu lassen.

Der Gebirgskrieg in den Alpen von 1915 bis 1917 spielt in der deutschen Weltkriegsforschung bis heute eine sehr geringe Rolle. Ebenso finden sich nur recht wenige wissenschaftliche Werke, die sich mit der ersten deutschen Gebirgstruppe, dem Alpenkorps, beschäftigen. Vornehmlich populärwissenschaftliche Literatur bestimmte lange das Bild über den Alpenkrieg und ebenso über das Alpenkorps. Dagegen ist der Krieg im Alpenraum und dessen Wahrnehmung an der sogenannten „Heimatfront" in den letzten Jahren vor allem in Österreich (speziell in Tirol) in den Fokus der Forschung gerückt.

Im zweiten Teil versucht das vorliegende Buch, eine Lücke zu schließen, in dem mittels ausgewählter Werke das Bild untersucht wird, welches in der Zwischenkriegszeit über das Alpenkorps entstand und vermittelt wurde. Dieses Bild trug vornehmlich dazu bei, einen „Mythos" über das Alpenkorps zu tradieren, der sich sehr lange unreflektiert halten konnte. Deshalb werden die Motive der Autoren betrachtet, um diese an Hand einzelner Textbeispiele nachzuweisen und zu bewerten.

Die abschließende Untersuchung zur Darstellung des Alpenkorps befasst sich mit dem Film „Standschütze Bruggler" von 1936 und analysiert die darin enthaltenen Szenen über das Alpenkorps. Der Film bildet die einzige kinematografische Quelle dieser Art, in welcher das Alpenkorps während seines Einsatzes in Tirol verarbeitet wurde.

Das vorliegende Buch entstand aus der für eine breite Leserschaft überarbeiteten und erweiterten Magisterarbeit des Verfassers aus dem Jahr 2010/11. Es versucht, einen neuen Blick auf die Wahrnehmung der ersten deutschen Gebirgstruppe zu schaffen und den „Mythos" des Alpenkorps genauer zu untersuchen und zu korrigieren. Dabei steht der

**Die Artilleriebeobachtungsstelle der Garde-Feldartillerie-Abteilung 204 auf dem Hexenstein (Sasso di Stria). Beachtenswert ist, dass beide Männer mit der Bronzenen Tapferkeitsmedaille der Österreicher ausgezeichnet wurden.**

erste Einsatz des Alpenkorps in Südtirol 1915 im Mittelpunkt. Gleichzeitig möchte diese Arbeit eine realistische Einschätzung der Verhältnisse liefern, unter denen das Alpenkorps zwischen Mai und Oktober 1915 in Südtirol eingesetzt wurde, um dem Leser zu zeigen, dass auch das Alpenkorps eine Lern- und Ausbildungsphase durchlaufen musste und keineswegs von Beginn an eine ausgezeichnete und ausgereifte Gebirgstruppe darstellte, wie dies bisher sehr oft behauptet wurde.

*Immanuel Voigt*

*Jena, im Sommer 2014*

# Die Situation am Vorabend des italienischen „Intervento"

## Die Verhandlungen zwischen Österreich-Ungarn und Italien bis zur Kriegserklärung

Im Folgenden wird dem Leser die Situation der Mittelmächte und Italiens bis zur Kriegserklärung am 23. Mai 1915 aufgezeigt. Zunächst werden die Verhandlungen zwischen Österreich-Ungarn und Italien im Mittelpunkt stehen. Im Anschluss sollen die Kriegsvorbereitungen und Kriegsziele Italiens verdeutlicht werden. Abschließend wird der Fokus auf Österreich-Ungarn gelegt und es werden dessen Reaktionen und erste Maßnahmen betrachtet.

Nachdem im August 1914 der Erste Weltkrieg ausgebrochen war, verhielt sich Italien zunächst neutral. Dennoch war der Dreibund, in dem Italien mit Österreich-Ungarn und dem Deutschen Reich seit 1882 vereint war, faktisch schon 1914 „virtuell tot"[1]. Das von einem wenig freundschaftlichen Verhältnis geprägte Bündnis, vor allem zwischen Italien und Österreich-Ungarn, verstärkte das Misstrauen beider Länder zusehends. So rechnete man von österreichischer Seite bereits kurz nach Kriegsbeginn im August 1914 damit, dass trotz der Neutralitätsbekundungen Italiens ein Angriff auf Südtirol erfolgen könnte. Dies zeigt deutlich, dass sich Italien schon in den Jahren vor dem Ersten Weltkrieg zunehmend vom Dreibund abgegrenzte. Bereits vor 1914 hatten die italienischsprachigen Gebiete um Trient und Triest als Bezugspunkte der Irredenta (Ideologie, welche das Ziel hat, möglichst alle Gebiete, die zu einer Ethnie gehören, in einem gemeinsamen Staat zu vereinigen) eine besondere Bedeutung für Italien. Sie sollten dem italienischen Staat hinzugefügt werden, um die nationale Einheit, das Risorgimento, zu vollenden. Auf italienischer Seite war man der Auffassung, dieses Ziel in einem kurzen und begrenzten Feldzug gegen Österreich-Ungarn relativ leicht durchführen zu können. Hans-Jürgen Pantenius bemerkt: „Es war eine Art Theorie des begrenzten Konfliktes mit der Absicht, die Kriege des Risorgimento mit einem letzten leichten Erfolg zu krönen und die ‚Unerlösten Gebiete' ohne große Blutopfer den bisherigen Erwerbungen hinzuzufügen."[2]

Daher schien der Kriegsausbruch 1914 einen willkommenen Anlass zu liefern, dieses Ziel durchzusetzen. Obwohl Italien offiziell seine Neutralität bekundete, arbeitete es insgeheim an der Kriegsvorbereitung seines Heeres sowie an einer allgemeinen Aufrüstung. Die Beziehungen zwischen Italien und der Habsburgermonarchie begannen sich weiter zuzuspitzen, nachdem die Italiener im September 1914 für den Einmarsch in Serbien Kompensationen nach Artikel VII des Dreibundvertrages von Österreich-Ungarn forderten. Bereits zu diesem Zeitpunkt war man sich auf italienischer Seite einig, dass ein Kriegseintritt und die Vollendung des Risorgimento nur an der Seite der Entente-Mächte erfolgen könne. Vor allem der für die Mittelmächte bis dahin ungünstige Kriegsverlauf, der nicht mit einem schnellen Sieg geendet hatte, trug zu dieser Entscheidung maßgeblich bei.

Im Oktober 1914 sprach der italienische Ministerpräsident Antonio Salandra von einem „sacro egoismo", welcher künftig das Handeln Italiens bestimmen werde. Zu Beginn des Jahres 1915 erneuerten die Italiener ihre Forderungen nach der Abtretung des Trentino, der Grenze bis zum Brenner sowie Teilen Istriens. Der weiterhin ungünstig verlaufende und kräftezehrende Krieg für die Mittelmächte hatte Italien in diesen Forderungen erneut bestärkt. Der österreich-ungarische Außenminister Baron Burián lehnte die Forderungen, welche in den Augen Österreich-Ungarns als „Erpressungsversuch" gesehen wurden, dagegen strikt ab. Die Regierung in Rom verlor hingegen die Geduld und begann die Verhandlungen um einen möglichen Kriegseintritt aufseiten der Entente. Um auch weiterhin die Neutralität Italiens zu sichern, kam man auf deutscher Seite zu der Überzeugung, dass dies nur durch die Bewilligung weiterer Zugeständnisse gelingen würde. Somit drängte das Deutsche Reich Österreich-Ungarn Anfang März 1915, die Verhandlungen mit Italien über Gebietsabtretungen wiederaufzunehmen. Cletus Pichler, seines Zeichens ehemaliger Generalstabschef des Landesverteidigungskommandos Tirol, drückt die Situation aus Sicht der Österreicher drastisch aus: „Von Deutschland rücksichtslos gedrängt, die Neutralität des falschen Bundesgenossen zu erkaufen, mußte Österreich-Ungarn zustimmen [...]."[3]

Ende März 1915 verlangte Italien die sofortige Abtretung ganz Südtirols bis zum Brenner sowie der Städte Görz und Gradiska. Von österreichischer Seite war man keinesfalls gewillt, diesen Forderungen nachzukommen. Vor allem die sofortige Abtretung ließ Zweifel aufkommen, dass Italien seine Neutralität wahren würde. Zudem versuchte Wien, diese Forderung weiter zu verzögern, indem man auf die juristischen und administrativen Probleme einer sofortigen Abtretung verwies. Das Deutsche Reich beharrte hingegen weiterhin darauf, zumindest einen Kompromissvorschlag durchzusetzen, um den drohenden Krieg zu vermeiden. Auf deutscher Seite war man sich sicher, dass ein Krieg mit Italien in einer Katastrophe enden würde. Generalstabschef Erich von Falkenhayn, aber auch der deutsche Reichskanzler Theobald von Bethmann-Hollweg teilten diese Ansicht.

Unterdessen wurden die Verhandlungen der Entente mit Italien immer intensiver. Italien sollte schlussendlich mit der Zusage der betreffenden Gebiete zu einem Kriegseintritt bewegt werden. Darüber hinaus versprachen die Entente-Staaten weiteren Gebiets- sowie Machtzuwachs für Italien. Matthias Rettenwander schlussfolgert ebenfalls aus österreichischer Perspektive: „Die Entente hatte die österreichisch-ungarischen Zugeständnisse bei Weitem überboten und erhielt im Länderschacher schließlich den Zuschlag. Es war ein Zuschlag an den Meistbietenden, ganz im Sinne des sacro egoismo Salandras."[4]

Am 26. April 1915 unterzeichnete Italien den „Londoner Geheimvertrag" mit den Entente-Mächten. In diesem Abkommen versicherte Italien, dass es binnen eines Monats an der Seite der Entente in den Krieg eintreten würde. Im Gegenzug sollte das savoyische Königreich umfassende Territorialgewinne erhalten, etwa das bereits erwähnte Südtirol bis zum Brenner, ferner Gebiete in Istrien, Dalmatien sowie einige adriatische Inseln. Bereits vor dem Vertragsabschluss hatte man

Italien aufgefordert, Anfang April 1915 den Kriegseintritt aufseiten der Entente zu erklären. Allerdings zwangen zum einen die Rohstoffabhängigkeit von England und zum anderen das bis dahin noch nicht voll ausgerüstete und mobilisierte Heer Italien dazu, den Kriegseintritt für frühestens Mitte Mai 1915 zu versichern.

Bereits wenige Tage nach der Unterzeichnung des Londoner Vertrages, am 4. Mai 1915, kündigte Italien den Dreibund mit dem Deutschen Reich und mit Österreich-Ungarn. Zu diesem Zeitpunkt willigte Österreich-Ungarn der Unterbreitung eines letzten Abtretungsvorschlags ein, wiederum durch Deutschland dazu gedrängt, welchen es den Italienern am 10. Mai 1915 übersandte. Wien war nun bereit, hauptsächlich die Gebiete abzutreten, welche vornehmlich von der italienischsprachigen Bevölkerung Südtirols bewohnt wurden, den sogenannten Welschtirolern, ferner auch Gebiete am Isonzo. Triest sollte freie Stadt werden, außerdem war man bereit, die italienischen Herrschaftsinteressen über Albanien anzuerkennen. Dennoch kamen die österreichisch-ungarischen Zugeständnisse zu spät, abgesehen von der Tatsache, dass diese das Angebot der Entente-Mächte niemals hätten überbieten können. Allerdings versäumten es die Österreicher nicht, ihre Abtretungsangebote öffentlich zu machen, um so den moralischen Druck auf Italien zu erhöhen. Dieser Umstand vereinfachte die Legitimierung des bevorstehenden Krieges und ließ die Italiener bewusst als „die treubrüchigen Welschen" dastehen, welche trotz eines Entgegenkommens der k.u.k. Monarchie (k.u.k. = kaiserlich und königlich) den Krieg aus „Habgier und Größenwahn" beginnen wollten. Später versäumten es die Österreicher auch nicht, den „ungeheuerlichen Treuebruch" propagandistisch auszuschlachten. Die österreichisch-ungarische Bevölkerung, besonders in den unmittelbar bedrohten Gebieten, ebenso die Soldaten waren demnach viel leichter für den Sinn eines „nötigen Verteidigungskrieges" zu begeistern. Andererseits sorgte dieser Umstand in der italienischen Öffentlichkeit für die Infragestellung eines möglichen Krieges gegen Österreich-Ungarn. Dennoch äußerten sich mit wenigen Ausnahmen kaum oppositionelle Stimmen gegen den Krieg in Italien.

# Todesanzeige.

Von tiefstem Abscheu erfasst geben die Gefertigten hiemit allen noch neutral gebliebenen Völkern unserer Erde die erlösende Nachricht von dem Ableben ihres Bundesgenossen

# Italien

welcher am Pfingstsonntag den 23. Mai 1915 nachm. ½ 4 Uhr nach langem, heimtückischen Leiden infolge gebrochenen Ehrenwortes, unheilbarer Ländergier nach 33 jähriger Lebensdauer in das feindliche Lager übergegangen ist.

Das Begräbnis des Vertragsbrüchigen fand noch am selben Tage auf dem Friedhofe der öffentlichen Meinung (Abteilung für Verräter) statt.

Berlin, den 23. Mai 1915.

**Der Ex-Dreibund** als Vater
**Deutschland & Oesterreich**, als Brüder
**Die Türkei**, als Schwester
Feuerbestattung: **Krupp & Co.**

Druck und Verlag W. Dammerhuber München, Trappentreustraße 21

Militäramtlich genehmigt! Nachdruck verboten

**„Todesanzeige für den Bundesgenossen Italien" – aus deutscher Sicht dargestellt: Obwohl an das Deutsche Reich 1915 noch keine Kriegserklärung ergangen war, nutzte man das Ereignis dennoch für die eigene Kriegspropaganda gegen Italien.**

Österreich-Ungarn und auch Deutschland war bekannt, dass Italien am 26. April 1915 einen Vertrag mit der Entente unterzeichnet hatte. Die Annahme ging allerdings dahin, dass Italien sich eine vierwöchige Frist erbeten habe, um das Inkrafttreten des Vertrages zu überdenken. Diese Annahme erwies sich als krasse Fehleinschätzung, da Italien unverzüglich zum Krieg rüstete. Die letzten Wochen vor der Kriegserklärung waren auf österreichisch-ungarischer Seite von der schwachen und ungewissen Hoffnung geprägt, dass sich der drohende Krieg noch verhindern ließe. Dies führte aber auch zu einem äußerst vorsichtigen Verhalten gegenüber Italien. Ein Beispiel dafür, auf das später noch genauer eingegangen wird, stellt die Befestigung der Grenze zu Italien dar. Aus Angst, Italien könne vorzeitig den Krieg erklären, wurde die

Von tiefstem Eckel erfaßt, geben die Gefertigten den noch wenigen neutral gebliebenen anständigen Völkern der Erde mit Befriedigung Nachricht, von dem Ableben ihres einstigen sauberen Bundesgenossen

**Jtalien**

welcher am 23. Mai 1915 um 4 Uhr nachmittags mit chronischen, gall- und heimtückischen Leiden, Empfang des Verräterlohnes, gestärkt mit Tröstungen der falschen Sakramenter, (genannt Entente) infolge Treubruches, Größenwahnes und unheilbarer Ländergier, nach 33jährigen Schmarotzerlebens, zu seinen würdigen Freunden übergegangen ist.

Die Einsegnung des Meineidigen wurde am gleichen Tage im Palais des k. u. k. Ministerium des Aeußern, Wien I, Ballhausplatz Nr. 2 unter gleichzeitiger Streichuug aus dem Register der Menschlichkeit vorgenommen.

Das Begräbnis wird mit militärischem Elan unter Kanonendonner, am neuesten Kriegsschauplatze stattfinden.

**Österreich-Ungarn, Deutsches Reich** als Stiefbrüder

**Die Türkei** als Milchschwester.

Ed. Z. W. I. — Nachdruck verboten.

**„Traueranzeige für Italien“ – aus österreichisch-ungarischer Sicht dargestellt: Österreich-Ungarn nutzte die Kriegserklärung Italiens für propagandistische Stimmungsmache im eigenen Volk, für einen „gerechten“ und „aufgezwungenen“ Krieg.**

gemeinsame Grenze kaum oder gar nicht befestigt, in dem Sinne, dass Schützengräben, Drahtverhaue, Unterstände und dergleichen errichtet wurden. Darunter zählen allerdings nicht die Festungen und Sperrforts, welche die wichtigsten Zugangswege nach Tirol sicherten, da diese bereits gegen Ende des 19. Jahrhunderts errichtet wurden.

Erst kurz vor Ablauf der vierwöchigen Frist war die Unausweichlichkeit des Kriegseintritts Italiens den Militärs bewusst geworden. General Krafft notiert am 20. Mai 1915 in sein Tagebuch: „Man scheint zu lange gehofft zu haben, der Krieg würde sich vermeiden lassen. Nun ist Tirol eigentlich schutzlos.“[5] Er behielt recht. Am 23. Mai 1915 erklärte Italien Österreich-Ungarn den Krieg. Eine Kriegserklärung an das Deutsche Reich erfolgte vorerst nicht.

## Italiens Kriegsvorbereitungen und Kriegsziele

Bereits vor Ausbruch des Ersten Weltkrieges hatte es sowohl auf italienischer als auch auf österreichisch-ungarischer Seite geheime Pläne für einen Angriff auf den jeweils anderen Verbündeten gegeben. Allein dieser Umstand zeigt deutlich das schlechte Verhältnis zwischen den beiden Staaten, welches durch gegenseitiges Misstrauen geprägt war. 1912 erstellte der damalige italienische Generalstabschef Alberto Pollio einen Angriffsplan für einen Krieg gegen Österreich-Ungarn. Dieser Plan wurde 1913 nur wenig verändert und sah folgende Gliederung vor: Italien greift mit vier Armeen in zwei Richtungen an. Die 1. und 4. Armee sollten Südtirol bis ins obere Cadore angreifen, wobei die 4. Armee den Auftrag zum Angriff erhielt und die 1. Armee defensiv bleiben sollte. Für die 2. und 3. Armee war der Einsatzraum vom Piave bis zur Adria vorgesehen. Die 2. und 3. Armee sollten die Hauptstreitkräfte bilden. Zusätzlich sollte ein Korps als Heeresreserve bei Padua bereitgehalten werden, ein weiteres Korps war für einen etwaigen Einsatz gegen die Schweiz gedacht, und schließlich verblieben ein Korps und eine Division in Inneritalien, welche etwaige Landungsunternehmen vereiteln sollten. Als Pollio im Sommer 1914 starb, wurde Graf Luigi Cadorna sein Nachfolger und blieb bis 1918 Generalstabschef des italienischen Heeres. Der fortschreitende Kriegsverlauf veranlasste Cadorna dazu, den Angriffsplan folgendermaßen den Gegebenheiten anzupassen: Die zweieinhalb Korps, welche an der Grenze zur Schweiz und an der Adriaküste zurückgehalten wurden, sollten nun ebenfalls zur 2. und 3. Armee hinzustoßen. Auch die Stoßrichtung der 2. und 3. Armee wurde in Richtung Isonzo vorverlegt. Zusätzlich sollte eine neu aufgestellte 5. Armee im Raum Toblach die 4. Armee bei deren Vorgehen unterstützen.

Somit lagen die Hauptstoßrichtungen der Italiener am Isonzo und gegen das Pustertal. Beide Vorstöße sollten nach Ansicht Cadornas einen leichten Durchbruch der Front ermöglichen. In der Theorie waren die Angriffspläne Cadornas freilich ausgereift und hätten sicherlich auch den gewünschten Erfolg erzielen können. Jedoch wurden die

Pläne praktisch anders ausgeführt, als sie gedacht waren, was Cadorna und die Italiener im Nachhinein betrachtet wohl einen schnellen Sieg kostete. Der entscheidende Punkt des Planes lag im Angriff und Durchbruchsversuch am Isonzo. Die Italiener versteiften sich darauf, gerade dort die österreichisch-ungarische Front zu durchbrechen. Dies führte dazu, dass am Isonzo zwölf Schlachten ausgetragen wurden, welche in der Weltkriegsforschung vornehmlich mit dem Krieg in den Alpen assoziiert werden. Die 12. und gleichzeitig letzte Schlacht im Oktober 1917 endete für die Italiener in einem Desaster. Der deutsch-österreichische Durchbruch bei Flitsch und Tolmein brachte Italien fast an den Rand einer Niederlage. Vielen Italienern sollte diese Schlacht, welche sie „Caporetto" nannten, noch lange im Gedächtnis bleiben.

Noch 1914 war das italienische Heer in einem schlechten Zustand. Dazu hatten zum einen der fehlgeschlagene Libyenfeldzug 1911/12 und zum anderen die kontinuierliche Vernachlässigung des Heeres beigetragen. Beide Faktoren wirkten sich entscheidend auf die Kriegsbereitschaft des italienischen Heeres aus. Nach Cadorna habe die Armee nur noch „Ersatzcharakter" für die libysche Expedition, was sich wiederum auf die Moral der Männer und auch auf die Zusammensetzung des Heeres niederschlug. Dazu wurde die Ausbildung vernachlässigt, wodurch kaum geeignete Offiziere und Fachpersonal vorhanden waren. Ebenfalls mangelte es an Waffen, Gerät und Ausrüstungsgegenständen. Cadorna hatte als neuer Generalstabschef ein schweres Erbe anzutreten. Vorerst konnte er König Viktor Emanuel III. nur melden, dass an einen Einsatz des italienischen Heeres 1914 nicht zu denken sei. Wie zuvor erwähnt, ging Italien nun schrittweise dazu über, seine Armee kriegstauglich zu machen. Vor allem Ende 1914 war man sich sicher, dass ein erwarteter österreichisch-ungarischer Angriff vorerst aufgrund der schlechten Kriegslage der Mittelmächte ausbleiben würde. Zudem spielten auch die Überlegungen, aufseiten der Entente in den Krieg einzutreten, eine gewichtige Rolle für die schnelle Wiederaufrüstung, wenngleich unter dem Deckmantel der Neutralität.

Die Mobilmachung verlief hingegen äußerst langsam. Am 14. April 1915 erklärte Cadorna, dass das Heer noch mindestens einen Monat benötige, um einsatzbereit zu sein. Indessen waren bereits die italienischen Grenztruppen erheblich aufgestockt worden. Am 4. Mai 1915, dem Tag, an dem Italien den Dreibund kündigte, begannen die ersten Truppentransporte in Richtung Südtirol, den Isonzoraum und die übrigen Aufmarschgebiete. Die vollständige Einsatzbereitschaft sollte aber noch bis zum 15. Juni 1915 dauern, also deutlich länger als geplant.

Am 22. Mai erfolgte die offizielle Bekanntgabe der italienischen Mobilmachung, einen Tag später die Kriegserklärung an Österreich-Ungarn. Mitte Juni 1915 waren die Kriegsvorbereitungen Italiens weitestgehend abgeschlossen, was aber nicht bedeutete, dass sich das Heer in einem hervorragenden Zustand befand. Es gab immer noch Missstände, welche verbessert werden mussten. General Cadorna sowie Premierminister Salandra und Außenminister Sonnino gingen von einem kurzen und raschen Krieg gegen Österreich-Ungarn aus. Vor allem Cadorna unterschätzte in krasser Weise die möglichen Folgen eines Krieges. Er rechnete fest damit, dass er noch vor dem Winter 1915/16 seine Ziele erreicht haben werde, obwohl er neun Monate Gelegenheit hatte, den kräftezehrenden Krieg zu beobachten und seine Schlussfolgerungen daraus zu ziehen.

## Österreich-Ungarns Reaktionen auf die Verhandlungen mit Italien

Obwohl sich abzeichnete, dass man keine friedliche Lösung für die Gebietsstreitigkeiten mit Italien finden würde, wurde Österreich-Ungarn durch die Kriegserklärung am 23. Mai 1915 dennoch überrascht. Unterdessen war Anfang Mai 1915 bekannt geworden, dass Italien begonnen hatte, seine Truppen in Richtung der österreichisch-ungarischen Grenze zu verschieben. Daher trafen sich der Generalstabschef des Armeeoberkommandos (AOK) General der Infanterie, Franz Conrad von Hötzendorf, und der Generalstabschef der deutschen Obersten Heeresleitung (OHL) General der Infanterie, Erich von Falkenhayn, um die weiteren Maßnahmen zu besprechen. Es folgten zähe Verhandlungen, in denen das Vorgehen in Galizien und auch gegen Italien diskutiert wurde. Beide Generale waren sich zwar darüber einig, den Kampf in Galizien weiterhin fortzuführen, doch vertrat Conrad bezüglich der italienischen Front die Meinung, dass im Falle eines Krieges ein massiver Angriff gegen die italienischen Stellungen erfolgen sollte. Er plante, dass jeweils zehn deutsche und zehn österreichisch-ungarische Divisionen gegen Italien eingesetzt werden sollten. Falkenhayn war dagegen nicht gewillt, eine derart große Anzahl an Truppen für eine Front abzugeben, die in seinen Augen nicht die höchste Priorität besaß.

Kurz nach der Kriegserklärung zerschlugen sich dagegen die Angriffspläne Conrads, als klar wurde, dass für einen Angriff auf Italien keine Truppen zur Verfügung standen, da die vorhandenen Einheiten nicht einmal für eine ausreichende Verteidigung genügten. Auch sollte die einzige deutsche Unterstützung der Front im Südwesten nur durch das neu aufgestellte Alpenkorps erfolgen. General Falkenhayn war nach wie vor nicht gewillt, mehr Truppen zur Verfügung zu stellen. Krafft beschreibt in seinem Tagebuch Falkenhayns ursprüngliche Gedanken zu der deutschen Unterstützung. Nach einem Treffen mit Falkenhayn am 9. Juni 1915 in Rosenheim notiert Krafft:

> *„Ursprünglich habe er [Falkenhayn, Anm. d. Verf.] nicht beabsichtigt, die Österreicher mit Truppen in Tirol zu unterstützen. Als aber dann General Frh. v. Conrad geäußert habe, er könne dann nichts anderes tun, als die Italiener ins Land hereinlassen und sie von einer Flankenstellung in Marburg oder Klagenfurt aus anzugreifen, sei er besorgt geworden. Denn er sei nach allen Erfahrungen des Krieges überzeugt, daß dann die Österreicher die Italiener nie mehr herausbringen würden. Darum habe er angeboten, die Verteidigung Tirols durch ein deutsches Alpenkorps zu unterstützen, wenn Gen. v. Conrad sich dafür entschließe, die Landesgrenze gegen Italien zu halten. Dieses Alpenkorps solle aber immer nur die Reserve der Landesverteidigung sein, die zum Schlagen verwendet werden solle. Die Verteidigung der Stellungen – das sei bei den Abmachungen immer festgehalten worden – sei Sache der Österreicher.“*[6]

Aus diesen Zeilen wird deutlich, dass Falkenhayn nur recht widerwillig Truppen in Form des Alpenkorps an die neue Front im Südwesten geben wollte. Zudem kommt deutlich das Misstrauen zum Vorschein, welches Falkenhayn der österreichisch-ungarischen Schlagkraft beimaß. Allerdings konnte er den Angriffsplan Conrads blockieren, da dieser, wenn überhaupt, nur mit massiver deutscher Unterstützung möglich gewesen wäre. Den Österreichern allein fehlten die Kontingente für einen größeren Angriff gegen Italien. Daneben war der Großteil der k.u.k. Truppen in Galizien gebunden, was es Conrad ohnehin erschwerte, Einheiten für die neue Front freizumachen.

Am 11. Mai 1915 war der Befehl zur unumschränkten Ausrüstung der österreichisch-ungarischen Befestigungen ergangen, welcher allerdings schon am 15. Mai wieder zurückgenommen wurde, um einen verfrühten Angriff der Italiener nicht zu provozieren. Um die Grenzstellungen notdürftig zu besetzen, veranlasste Kaiser Franz Joseph wenige Tage später die Aufstellung der Tiroler und Vorarlberger Standschützen sowie der freiwilligen Schützen aus Oberösterreich. Am 18. Mai 1915 erfolgte die Alarmierung der Truppen des Kommandobereichs Innsbruck, darüber hinaus begann man mit der Sprengung von Brücken und Straßen. Bereits vor der Kriegserklärung wurde Erzherzog Eugen, der bisherige Kommandant der österreichisch-ungarischen Balkanstreitkräfte, zum Oberbefehlshaber über die Front im Südwesten ernannt. Ihm unterstand das Landesverteidigungskommando Tirol, welches vom General der Kavallerie, Viktor Dankl, geführt wurde und unter dessen Leitung auch der Einsatz des Alpenkorps erfolgte. Nach der Kriegserklärung erließ Kaiser Franz Joseph seinen Befehl „An meine Völker", in welchem er den „Treubruch Italiens" verurteilte. Unterdessen beschränkte sich das Deutsche Reich auf den Abbruch der diplomatischen Beziehungen zu Italien, da an Deutschland vorerst noch keine Kriegserklärung ergangen war.

Abschließend bleibt zu bemerken, dass der italienische „Intervento" entscheidend zum Verlauf des Ersten Weltkrieges beigetragen hat. Er band starke österreichische Kräfte für mehr als zwei Jahre und verhinderte somit, dass die Mittelmächte ihren Vorteil, den sie im Mai 1915 gegenüber

Russland gewonnen hatten, kriegsentscheidend ausnutzen konnten. Er stellte die Pattsituation zwischen den Mittelmächten und der Entente wieder her. Damit ist Holger Afflerbach zuzustimmen, wenn er schreibt:

> *„Es kann kein Zweifel darüber bestehen, dass der italienische Kriegseintritt vom Mai 1915, der in der deutschen und internationalen Historiographie unberechtigterweise als zweitrangiges Ereignis unter den vielen europäischen Tragödien des 20. Jahrhunderts, als bloßer Nebenkriegsschauplatz des Ersten Weltkriegs abgehandelt wird, in Wirklichkeit von erstrangiger Bedeutung war.“*[7]

**Männer des Hannoverschen Jägerbataillons 10 befinden sich in einer rückwärtigen Stellung im kleinen Dolomitenort Stern (La Villa).**

# Kriegsschauplatz Hochgebirge

## Besonderheiten und Herausforderungen des Gebirgskrieges

Der Krieg im Hochgebirge ist schwieriger und entbehrungsreicher zu führen als in der Ebene. Die folgenden Ausführungen sollen sich nicht auf den Einsatz in Tirol beschränken, sondern den Kriegsschauplatz im Allgemeinen darstellen und dem Leser Eigenheiten des Krieges im Hochgebirge vor Augen führen. Zum Teil treffen die hier dargestellten Aussagen auf den Einsatz des Alpenkorps zu, zum Teil sind sie aber auch weiter gefasst. Abschließend wird der Kriegsschauplatz in Südtirol genauer betrachtet sowie der Grenz- und Frontverlauf 1915, und es werden die Schwerpunkte der damaligen Front genannt.

Vor dem Ersten Weltkrieg galten Gebirge und allen voran die Hochgebirge als wenig tauglich für Schlachten und militärische Auseinandersetzungen. Wenn es dennoch zu Kampfhandlungen kam, beschränkten sich die Operationen fast ausschließlich auf Täler und Pässe. Nur in unumgänglichen Situationen wurde der Kampf direkt im Gebirge geführt. Carl von Clausewitz äußert sich in seinem Werk „Vom Kriege" ebenfalls negativ über den Krieg im Gebirge. Er widerspricht der damaligen Meinung, dass der Verteidiger im Gebirge dem Angreifer überlegen sei. Seine These belegt Clausewitz mit verschiedenen Argumenten. Zum einen sei jede Bewegung im Gebirge äußerst langsam, zum anderen fehlen ordentliche Wege und Straßen, um die Truppen an die Front zu bringen. Nicht zuletzt ist das Gebirge ein unübersichtliches Schlachtfeld, auf dem die Bewegungen des Feindes nicht einzusehen sind. Clausewitz resümiert, dass besonders die Passivität des Verteidigers von großem Nachteil sei.

Die Ansicht, dass ein Krieg im Gebirge eher nachteilig sei, hielt sich recht lang in den Überlegungen und Planungen des Militärs. Erst der stetig zunehmende Alpinismus und der technische Fortschritt sorgten für ein Umdenken. Zwar gab es vereinzelt strategische Überlegungen zum Krieg im Gebirge, allerdings verlief die Entwicklung des „militärischen Alpinismus“ eher langsam. Gunther Langes beklagt vor allem, dass viel zu wenig Lehren und Erfahrungen aus der „Pionierarbeit des zivilen Alpinismus“ gezogen wurden. Zudem verkannte man „das Wesen des modernen Zukunftskrieges [und versuchte] das starre Hängen an überlieferten Kampfarten“[8] beizubehalten. Noch vor dem Ersten Weltkrieg begannen nahezu alle europäischen Länder, deren Grenze an Gebirgen verliefen, mit der Aufstellung von Spezialtruppen für den Kampf im Gebirge. Allerdings geschah dies nicht im Deutschen Reich. Dennoch bedachte keine Nation die möglichen Auswirkungen und Dimensionen eines kommenden Gebirgskrieges. Daher sieht Langes im Ausbruch der Kampfhandlungen zwischen Österreich-Ungarn und Italien 1915 die Geburtsstunde des Hochgebirgskrieges.

Bis zum Ausklang des 19. Jahrhunderts hatte es noch genügt, die Zugänge der wichtigsten Täler mit Sperrforts zu schützen. Aber der „neuartige“, moderne Krieg sollte schon sehr bald diese alte Denkweise ad absurdum führen. Zu Beginn des Krieges zwischen Österreich-Ungarn und Italien 1915 ging man insbesondere auf österreichischer Seite noch davon aus, dass viele Gebiete an der hochalpinen Front militärisch ungangbar und strategisch nutzlos waren. Als aber die Italiener wenig später begannen, die ersten Berggipfel zu besetzen, sah man sich auch auf österreichischer Seite genötigt, dasselbe zu tun. Der Krieg hatte sich nun auch auf die Berggipfel ausgeweitet. Bei diesen Unternehmen wurden oft alpine Höchstleistungen vollbracht. Ernst Kabisch schreibt darüber:

> *„Denn das war ja das Große und so ganz Andere in diesem Kampf, in diesem Ringen um die Hochgipfel der Dolomiten und ihrer Nachbarn, daß plötzlich eine Gebirgswelt zum Kriegsschauplatz geworden war, deren Gipfel bisweilen noch gar nicht erstiegen waren, wo oft erst das Rätsel einer Wand gelöst werden mußte, der Kamin aufzufinden war, in dem man sie bezwingen konnte, um dann vom Gipfel dem überraschten Gegner die Kugel zu senden, die er von dieser Seite her nicht erwartet hatte.“*[9]

Alpine Höchstleistungen wurden aber nicht nur durch das Ersteigen von unbekannten Bergen vollbracht. Beispielsweise brachten die Österreicher unter höchsten Anstrengungen ein Geschütz auf dem Vorgipfel des Ortlers in über 3500 Meter Höhe in Stellung. Der Kampf in derartigen Höhen führte zu bisher ungekannten Problemen. So war zum Beispiel die Wasserversorgung des Alpenkorps anfänglich ungenügend. Die Männer schmolzen in ihrer Unerfahrenheit den Schnee und tranken das dadurch gewonnene Wasser unverdünnt, was dazu führte, dass sie erkrankten. Nicht nur Unerfahrenheit, sondern auch mangelnde alpine Tauglichkeit oder unvorsichtiges Handeln – speziell mancher

**Männer des Alpenkorps gemeinsam mit ihren österreichischen Kameraden vor ihrem Unterstand in den Dolomiten: Der Unterjäger der Landesschützen (2. v. r.) hält ein Kletterseil sowie Eispickel und Gebirgsstock bereit.**

Angehöriger – des Alpenkorps führten darüber hinaus immer wieder zu tödlichen Unfällen.

Die geografische Beschaffenheit des Hochgebirges erschwerte nicht nur die Wasserversorgung, sondern alles, was die Truppe für den Kampf und das tägliche Leben benötigte, seien es Lebensmittel, Baumaterialien, Munition, Brennholz oder aber auch die Geschütze der Gebirgsartillerie, die tagtäglich unter höchsten Anstrengungen auf die Berge und in die Höhenstellungen gebracht werden mussten.

Die Nachschubwege in den Tälern waren für derartige Anforderungen vollkommen ungenügend und überlastet, sodass auch das Straßennetz zum Teil erheblich verbessert und erneuert werden musste. Weiterhin wurden etliche Seilbahnen für den Transport von Nachschub, besonders

**„Ich habe jetzt ein Pferd, welches du auf der Karte sehen kannst." – Ein Tragtierführer des Alpenkorps mit seinem Pferd posiert für ein letztes Bild vor dem Abmarsch nach Südtirol (September 1915).**

durch das Alpenkorps, neu errichtet. Die geografische Beschaffenheit war darüber hinaus ein weiterer Nachteil. Die Splitterwirkung von Artilleriegranaten und anderen Sprengmitteln (Handgranaten, Luftminen usw.) erhöhte sich im Gebirge um ein Vielfaches gegenüber dem Flachland. Das absplitternde Gestein hatte eine ähnliche Wirkung wie die kleinen Bleikugeln (Schrapnells), die normalerweise mit Granaten verschossen wurden, und führte zu entsetzlichen Wunden. Außerdem gestaltete sich der Stellungsbau äußerst schwierig. Die Männer konnten nicht einfach Schützengräben und Deckungslöcher ausheben, sondern hatten meist nur einen aufgeschichteten Steinwall als Schutzmöglichkeit.

Die Landschaft des Hochgebirges brachte es mit sich, dass die Kämpfe sich nicht nur auf die Berge beschränkten. Der Krieg verlagerte sich ebenfalls in das Innere der Gletscher in den Alpen. Das bekannteste Beispiel ist die sogenannte „Stadt im Eis“, welche die Österreicher im Inneren des Gletschers Marmolata während des Krieges angelegt hatten. Um Schutz vor feindlichem Feuer zu erhalten, aber auch zur Verteidigung, gruben die Österreicher insgesamt über acht Kilometer Stollen in das Innere des Gletschers. Der Ingenieur Leo Handl, nach dessen Idee und Plänen die Stollen gebaut wurden, versah selbst in der Marmolata in einer k.u.k. Bergführer-Kompanie als Kommandant seinen Dienst.

Ebenso ist das Wetter im Hochgebirge von entscheidender Bedeutung. Wetterwechsel im Hochgebirge fallen meist heftiger aus als im Flachland. Besonders im Winter bestand ein sehr hohes Risiko für die Männer an der Front. Plötzlich einsetzender Fön oder aber ungewohnt heftige Schneefälle führten oft zu Lawinenunglücken mit vielen Opfern auf beiden Seiten. Nicht zuletzt versuchten beide Gegner durch Beschießen der Berghänge, Lawinen künstlich auszulösen. Nicht selten forderten Lawinen mehr Opfer als das feindliche Feuer. Selbst im Sommer konnte das Wetter in Höhen von mehr als 2000 Meter für einen längeren Aufenthalt sehr ungünstig sein.

Ein Bericht über eine Patrouille von Männern des Jäger-Regiments Nr. 3, die 79 Stunden in den Tofanen unterwegs gewesen war, macht dies deutlich. In seiner Meldung schildert Oberleutnant Denzel die Tätigkeit des Patrouillenkommandos wie folgt:

> *„Infolge der schlechten Witterungsverhältnisse – auf der T[ofana] trat nachts mindestens 10 Grad Kälte ein, daß die steilen Wasserrinnen jeden Morgen vereist waren – sowie der mangelhaften Unterkunft und der Schwierigkeiten der Verpflegung und nicht zuletzt durch die aufreibende Tätigkeit, die keine Erholung ermöglichte, begann der Gesundheitszustand des Patr. Kdos. [Patrouillenkommandos, Anm. d. Verf.] gar bald ein derart bedenklicher zu werden, daß ich von weiteren Unternehmungen gegen T[ofana] I und T[ofana] III abgesehen und mich auf ein Festhalten der T[ofana] I*

**Ein Schneebiwak, das von Männern eines Schneeschuhbataillons errichtet wurde**

*beschränken musste. Am 27. 7. war der Krankenstand 14, am 31. [Juli, Anm. d. Verf.] bereits 44 Mann. […] Die Erkrankungen waren durchweg Herzschwäche, Rheumatismus, Magen- und Darmerkrankungen.“*[10]

Der Bericht verdeutlicht nicht nur, dass das Wetter die Männer schwächte, sondern auch, dass die körperlichen Strapazen und die kaum vorhandenen Schutzmöglichkeiten gegen das Wetter zu erheblichen krankheitsbedingten Ausfällen beitrugen.

Die Kriegsführung im Hochgebirge besaß Eigenheiten, die sich an keiner anderen Front finden lassen. Des Öfteren wird von Kampfhandlungen berichtet, in denen die Soldaten auf primitivste Mittel zurückgriffen, etwa das Werfen von Steinen, nachdem sie sämtliche Munition verbraucht hatten. Gunther Langes sieht darin die Wiederauflebung einer „Urform des Kampfes wie vor Tausenden von Jahren“.[11]

Dass die Soldaten dies wahrscheinlich eher aus purer Verzweiflung taten, erwähnt Langes mit keinem Wort. Vielmehr betont er, dass die Männer heroisch bis zur sprichwörtlich „letzten Patrone“ kämpften, und tradiert damit ebenfalls eine heroisch verklärte Sichtweise des Gebirgskrieges, wie sie sehr häufig von Autoren der Zwischenkriegszeit vertreten wurde.

Eine weitere Eigenheit des Gebirgskrieges stellt der Minenkrieg dar. Zwar wurden beispielsweise auch an der Westfront unterirdische Minen gezündet, allerdings nicht in der Intensität, wie dies in den Alpen geschah. Bei dieser Art des Kampfes versuchten sowohl Österreicher als auch Italiener, sich gegenseitig durch das Graben von Minenstollen, in denen sie große Minen zündeten, zu vernichten. Hauptsächlich die Italiener griffen so die österreichischen Besatzungen in ihren Gipfel- und Höhenstellungen an, um diese einzunehmen. Die Österreicher versuchten ihrerseits, den Italienern durch das Graben von Gegenstollen zuvorzukommen und so die Sprengung der eigenen Stellung zu verhindern.

Eines der bekanntesten Beispiele ist die mehrmalige Sprengung des „Blutberges“, wie ihn die Italiener nannten, des Col di Lana. Diesen

„Verteidigung im Hochgebirge" – eine Wunschvorstellung des Gebirgskriegs, die auf Postkarten weite Verbreitung fand

„heißestumstrittenen Berg der Dolomiten"[12] versuchten die Italiener bis zur ersten Sprengung 1916 vergeblich einzunehmen. Alle italienischen Angriffe wurden unter hohen Verlusten abgeschlagen, sodass die Italiener in der Sprengung der Gipfelstellung die einzige Möglichkeit sahen, die Österreicher vom Col di Lana zu vertreiben. Daraufhin gruben die Italiener einen Minenstollen bis kurz unter die österreichische Gipfelstellung und versahen diesen mit zwei Minenkammern, welche zusammen zirka 5000 Kilogramm Sprenggelantine sowie 100 Rollen Schießbaumwolle samt Zündern enthielten. Am 17. April 1916 um 23.35 Uhr wurde die erste Mine gezündet und tötete etwa 100 Mann der österreichischen Gipfelbesatzung des Col di Lana. Allerdings erzielten die Italiener weder den erhofften Frontdurchbruch noch einen größeren Geländegewinn mit der Sprengung, da die Österreicher am benachbarten Monte Sief die Front wieder aufbauen konnten. Somit wurde der

Col di Lana zum Sinnbild für den Alpenkrieg, aber auch zum Sinnbild für die unzähligen, sinnlosen Opfer auf beiden Seiten.

Die aufgeführten Punkte verdeutlichen, dass der Kampf im Hochgebirge für die damalige Zeit ein Novum darstellte. Noch nie in der Militärgeschichte wurde ein Krieg in solchen Höhen und unter derartigen Bedingungen ausgetragen, wie es von 1915 bis 1917 der Fall war. Keine der drei Krieg führenden Mächte – Österreich-Ungarn, das Deutsche Reich und Italien – verfügte zu Beginn des Krieges über größere Erfahrungen für den Einsatz von Truppen und Gerät im Hochgebirge. Vieles musste vollkommen neu konzipiert und erlernt werden, und erst der weitere Kriegsverlauf brachte beiden Seiten die Erkenntnisse für den Kampf im Hochgebirge.

Die obigen Ausführungen verdeutlichen ebenso, dass sich der Gebirgskrieg in seiner Modernität und Radikalität kaum von den anderen Fronten des Ersten Weltkrieges unterscheidet. Er mag bei Weitem am entbehrungsreichsten gewesen sein und verlangte von den Soldaten täglich körperliche Höchstleistungen und Strapazen. Dennoch muss dem Bild widersprochen werden, das immer wieder in populärwissenschaftlichen Werken und zum Teil auch in neuerer wissenschaftlicher Literatur zu finden ist, welches den Gebirgskrieg als einen fast sportiven „Kampf der Bergführer" schildert oder den Aufenthalt an der Front in den Alpen als einen sonntäglichen Sanatoriumsaufenthalt romantisch verklärt. Diesbezüglich wurde der „Mythos Gebirgskrieg" bereits zu Beginn des Krieges zwischen Italien und Österreich-Ungarn geschaffen und überdauerte diese Zeit zum Teil bis heute. Die bekannte österreichisch-ungarische Kriegsberichterstatterin Alice Schalek beschreibt ihre Erlebnisse in Tirol in ihrem 1915 erschienenen Buch „Tirol in Waffen. Kriegsberichte von der Tiroler Front" so:

> *„Wir passieren eine Waldandacht mit angebautem Beichtstuhl, der von zwei riesigen Granattrichtern stimmungsvoll und stilgerecht garniert ist. […] Oben auf der Höhe von mehr als dritthalbtausend Metern ist ein Tisch für uns gedeckt, hier werden wir zum*

*Mittagessen erwartet. [...] Sogar ein Tischtuch ist aufgelegt, das hat man sich eigens kommen lassen, und Blumen stehen da, Edelweiß in Vasen aus zierlich geflochtenem Stacheldraht. [...] Suppenteller sind's, aber Suppe gibt's keine. Sardinen und ungelenk geschnittene, ungelenk gebratene Fleischstücke und wunderbar süffigen roten Tiroler Wein. Keine junge Hausfrau, die zum erstenmal Gäste empfängt, kann so verlegen strahlen wie der Oberleutnant, der uns bewirtete. [...] So ist der Tiroler Krieg. Überall herrscht Feiertagsstimmung. Es ist, als ob ein endloser Sonntag über dem Land läge."*[13]

Ihr Tenor entspricht damit genau den Ansichten des k.u.k. Kriegspressequartiers, wobei die stark propagandistischen Ausführungen mehr nach einer Wunschvorstellung des Krieges in Tirol klingen als nach der rauen Wirklichkeit.

## Der Frontverlauf

Im Folgenden sollen nun der ehemalige Grenz- und Frontverlauf der Südwestfront aufgezeigt und die wichtigsten Kampfplätze genannt werden (beachte auch die Karten im Anhang). Dies dient zur besseren Orientierung über das Einsatzgebiet des Alpenkorps, wobei die Front am Isonzo in dieser Betrachtung keine Erwähnung findet.

Zur Verteidigung Tirols wurde die zirka 350 bis 400 Kilometer lange Front in fünf Verteidigungsabschnitte, sogenannte „Rayone", unterteilt. Um die Front besser verteidigen zu können, wurden zu Beginn des Krieges strategisch ungünstige Gebiete aufgegeben. So konnte diese um mehr als 100 Kilometer verkürzt werden. Diese Maßnahme betraf zum Beispiel den bekannten Dolomitenort Cortina d'Ampezzo, welcher kurz nach der Kriegserklärung von den Österreichern geräumt und wenige Tage danach von den Italienern kampflos eingenommen wurde.

Die fünf Rayone unterteilen sich, wie folgt, in:

**Rayon I (Ortler)**, welcher sich von der Schweizer Grenze über die Ortlergruppe mit dem höchsten Berg der Front, dem Ortler (3905 m), und das Stilfser Joch erstreckt. Besondere Brennpunkte bildeten der Ortler, auf dessen Vorgipfel die Österreicher auch das höchstgelegene Geschütz des Weltkrieges platzieren konnten, sowie das Stilfser Joch;

**RAYON II (Tonale)**, welcher über die Zufallspitze und den Tonalepass bis hin zur Presanella verlief. Besonders Tonale und der Tonalepass standen zu Beginn des Krieges mit Italien im Zentrum der Kämpfe;

**RAYON III (Südtirol)**, der der größte der fünf Verteidigungsabschnitte war. Dieser erstreckte sich von den Presanella-Alpen über den Gardasee und den Monte Pasúbio bis zur Kreutzspitze. Besonders nördlich des Monte Pasúbio, im Gebiet Folgaria–Lavarone, befanden sich eine ganze Reihe österreichischer Festungswerke, welche die wichtigsten Zugangswege und Taleingänge nach Tirol sperren sollten. Zu diesen wichtigen Zugangswegen zählen auch das Chiesetal, das Sarcatal, das Etschtal und das Suganer Tal. Besonders hart umkämpft war der Monte Pasúbio;

**RAYON IV (Fleimstal)**, der den Hauptkamm der Fassaner Dolomiten bis hin in das Gebiet der Marmolata umschloss. Die Brennpunkte der Front waren hier vor allem der Rollepass und das Marmolatagebiet;

**RAYON V (Pustertal)**, welcher schlussendlich vom Marmolatagebiet über den Col di Lana und den Falzaregopass, weiter über den Kleinen Lagazuoi und das Travenanzestal mit den Tofanen und anschließend über Son Pauses, den Monte Cristallo, das Dreizinnengebiet bis hin zur Kärntner Grenze verlief. In diesem Abschnitt gab es eine ganze Reihe von strategisch wichtigen Punkten, die schwer umkämpft waren – etwa der bereits erwähnte Col di Lana, die Sperre Son Pauses, der Monte Cristallo sowie der Kleine Lagazuoi, in dessen Inneren ein ähnlicher Minenkrieg gefochten wurde wie am Col di Lana. Nicht zuletzt sei auf die hohe strategische Bedeutung des Abschnittes rund um die Drei Zinnen (Toblinger Knoten, Paternkofel usw.) verwiesen und die damit verbundenen intensiven Kämpfe um dieses Gebiet. In relativer Nähe zur Front befinden sich die Orte Toblach, Innichen und Sexten, in deren Nähe wiederum die Eisenbahnlinie Sillian–Franzensfeste–Brenner verläuft. Wäre es den Italienern in diesem Abschnitt gelungen, die Front zu durchbrechen, hätten sie sehr

**Eine Kraftwagen-Kolonne des Alpenkorps in einer rückwärtigen Stellung in den Dolomiten; im Hintergrund ist der kleine Ort Stern (La Villa) zu erkennen.**

schnell ins österreichische Hinterland vordringen können, um so den Nachschub der Mittelmächte erheblich zu stören. Dementsprechend stark war dieser Abschnitt umkämpft.

Der Großteil des Alpenkorps wurde in den Rayonen IV und V eingesetzt. Generalleutnant Konrad Krafft von Dellmensingen bekam vom 7. Juni 1915 bis zum Abzug des Alpenkorps (15. Oktober 1915) das Kommando über diese beiden Rayone zugesprochen und somit ebenfalls über die verbündeten österreichisch-ungarischen Truppen.

# Die Aufstellung des Alpenkorps

## Die deutsche Gebirgstruppe entsteht

Im Folgenden wird die Aufstellung des Alpenkorps erläutert. Hierzu ist es nötig, die historischen Rahmenbedingungen genauer zu betrachten und den Blick auf die Vorgängereinheiten des Alpenkorps zu werfen, um danach auf die Gliederung des Alpenkorps einzugehen. Anschließend folgt eine Darstellung über den „Führer des Alpenkorps“, Generalleutnant Konrad Krafft von Dellmensingen. Seine Biografie wird in kurzen Zügen bis zum Mai 1915 dargestellt, um so dem Leser den Werdegang Kraffts als einen typischen Offizier der Kaiserzeit besser zu verdeutlichen.

Die militärische Lage der Mittelmächte Österreich-Ungarn und des Deutschen Reiches verschärfte sich im Frühjahr 1915 dahingehend, dass ein bevorstehender Konflikt mit Italien scheinbar unvermeidlich geworden war. Somit mussten für die neue Front im Südwesten Truppen zur Verfügung gestellt werden. Da man bei der OHL der Auffassung war, dass die Italiener bei einem möglichen Durchbruch der Front auch den deutschen Süden (Bayern, Württemberg) bedrohen könnten, sicherte man Wien Unterstützung mit Truppen zu, die für die speziellen Bedingungen des Gebirgskampfes ausgerüstet sein sollten: das Alpenkorps, welches allerdings erst aufgestellt werden musste. Das Deutsche Reich besaß bis zum Mai 1915 keine eigene Gebirgstruppe, da man derartige Einheiten nicht für nötig hielt.

Dafür gab es mehrere Gründe. Zum einen waren die deutschen Militärs der Ansicht, dass das südbayerische Alpengebiet kaum für umfangreiche Kampfhandlungen geeignet war. Für den Fall eines Angriffes von Süden her sollte der Gegner ungehindert bis in die schwäbisch-bayerische Hochebene vordringen können, um dort gestellt zu werden. Zum anderen war unter vielen deutschen Militärs die Ansicht

**Die Männer eines Schneeschuhbataillons bei einer Übung mit Maschinengewehren, die auf Schlitten gezogen wurden**

verbreitet, dass jede reguläre Truppe im Gebirge eingesetzt werden könnte, sofern sie nur eine spezielle Ausrüstung zur Verfügung gestellt bekäme. Nicht zuletzt grenzten die meisten Gebirge an Deutschlands Grenzen an Österreich-Ungarn, mit welchem in absehbarer Zeit kein Konflikt zu erwarten war.

Schon im Winter 1914/15 zeigte sich jedoch deutlich, dass das Fehlen einer eigenen Gebirgstruppe von Nachteil für die Deutschen war. Zwar hatte man im Deutschen Reich bereits vor dem Krieg angefangen, den immer populäreren Skilauf militärisch zu nutzen, jedoch wurde versäumt, dies konsequent durchzuführen. Die Soldaten wurden vornehmlich freiwillig im Skilauf ausgebildet, für den Fall, dass die regu-

**In Stellung gegangene Männer eines Schneeschuhbataillons mit feuerbereiten Maschinengewehren**

lären Aufklärungstruppen aufgrund der Wetterlage nicht eingesetzt werden konnten. Hauptsächlich das Preußische Kriegsministerium erprobte als Erstes den Einsatz der „Schneeschuhe“. Bereits im Jahr 1892 wurde das 82. Infanterie-Regiment in Goslar mit Schneeschuhen ausgestattet und über deren Gebrauch unterrichtet. Diesem Beispiel folgten auch mehrere preußische Jägerbataillone (Nr. 1, Nr. 2, Nr. 5, Nr. 8, sowie Nr. 10 und Nr. 14), welche ebenfalls den Gebrauch von Skiern erlernten. Erst später folgten die deutschen Staaten Bayern und Württemberg, von denen aufgrund der gebirgsnahen Lage eine Initiative zur Versorgung und Ausbildung ihrer Truppen mit Skiern eher zu erwarten gewesen wäre. Dennoch versäumten alle drei Staaten die Aufstellung spezieller

**Der Leutnant eines Schneeschuhbataillons steht vor seiner Kompanie mit angeschnallten Skiern. Ihm wurde an diesem Tag das Eiserne Kreuz 2. Klasse verliehen**

„Schneeschuhbataillone". Erst als die Kämpfe im Winter 1914/15 in den Vogesen den Einsatz solcher Bataillone dringend notwendig machten, reagierten die Kriegsministerien.

Zuerst stellte das Bayerische Kriegsministerium am 21. November 1914 das Bayerische Schneeschuhbataillon Nr. 1 auf, welches hauptsächlich aus skilaufkundigen Offizieren und Mannschaften sowie aus zahlreichen Freiwilligen bestand. Nach kurzer Ausbildung kam das Bataillon bereits Anfang Januar 1915 in den Vogesen zum Einsatz. Dies war nach Roland Kaltenegger die erste deutsche Gebirgstruppe, da dieses Bataillon ausschließlich für den Einsatz im Gebirge aufgestellt wurde.

Im Dezember 1914 wurde das Preußische Schneeschuhbataillon Nr. 2 aufgestellt, das fortan an der Ostfront in Kurland und den Karpaten zum Einsatz kam. Da dieses Bataillon vorwiegend aus badischen Freiwilligen bestand, wird es auch Badisches Schneeschuhbataillon Nr. 2

**Ein gestelltes Foto, das Männer eines Schneeschuhbataillons bei der Verteidigung ihrer Stellung zeigt**

genannt, obwohl es zum preußischen Kontingent gehörte. Es sollten zwei weitere Bataillone (Preußisches Schneeschuhbataillon Nr. 3 und Bayerisches Schneeschuhbataillon Nr. 4) folgen, welche mit den Bataillonen Nr. 1 und Nr. 2 später zum Jäger-Regiment Nr. 3 zusammengefasst wurden. Auch das Württembergische Kriegsministerium stellte eine Feld-Schneeschuhkompanie mit Maschinengewehr-Zug und dazugehörigen Ersatzkompanien um die Jahreswende 1914/1915 auf. Außerdem wurden in diesem Zeitraum die ersten Gebirgsartillerie-Batterien aufgestellt, welche ebenfalls in den Vogesen zum Einsatz kamen.

Im Frühjahr 1915 musste entschieden werden, was fortan mit den Schneeschuhtruppen geschehen sollte, da diese zunächst nur auf

**Ein Soldat eines Schneeschuhbataillons in voller Wintertarnung mit seinen Skiern – er trägt die Wendejacke (innen grau für den Sommer) mit dem typischen „S“ auf dem linken Ärmel.**

„Schneedauer“ aufgestellt waren. Das Bayerische Kriegsministerium reagierte zuerst und stellte den Antrag beim Chef des Generalstabs des Feldheeres, dass das Schneeschuhbataillon Nr. 1 für die Dauer des Feldzuges im Westen als Gebirgstruppe bestehen bleiben sollte.

Nach erfolgreicher Genehmigung des Antrages folgten das Württembergische und das Preußische Kriegsministerium diesem Beispiel und stellten die nötigen Anträge für ihre Truppenkontingente. Neben den genannten Einheiten bestand noch die Bayerische 8. Reserve-Division, die allerdings nur wegen ihrer speziellen Ausrüstung zu einer Vorform der Gebirgstruppe hinzugezählt wurde. Weitere Einheiten existierten nicht. Somit besaß das Deutsche Reich Mitte Mai 1915 keine vollwertige Gebirgstruppe, da man mit den Schneeschuhbataillonen lediglich über geringe Kräfte verfügte, die für einen Einsatz im Gebirge geeignet waren.

Als nun die Verhandlungen im Frühjahr 1915 zwischen Österreich-Ungarn und Italien ergebnislos verliefen und der drohende Krieg kaum vermeidbar erschien, erging auf deutscher Seite drei Tage vor der italienischen Kriegserklärung an Österreich-Ungarn der Befehl zur Bildung eines neuen Großverbandes. Das Preußische Kriegsministerium teilte dem Bayerischen Kriegsministerium am 20. Mai 1915 mit, dass sofort ein „Alpenkorps“ zu bilden sei. Bezeichnenderweise wurde das Bayerische Kriegsministerium nicht eher über dieses Vorhaben informiert. Immerhin sollte es sich um die Aufstellung des neuen Verbandes kümmern. Außerdem sollte die Bayerische Armee einen Großteil der Truppen des Alpenkorps stellen. Günther Hebert geht davon aus, dass bereits ab dem 18. Mai feststand, dass deutsche Truppen zur Unterstützung der verbündeten Österreicher nach Tirol entsandt werden sollten. Interessanterweise gab es zu diesem Zeitpunkt noch keine Kriegserklärung, weder an Deutschland noch an Österreich-Ungarn. Die Entscheidung zeugt davon, dass von deutscher Seite fest mit einem Krieg gegen Italien gerechnet wurde. Damit führte die Nachricht vom 20. Mai über die Aufstellung eines „Alpenkorps“ in München zu keiner großen Verwunderung. Unter der Hand hatte man durch die Informationen bayerischer Generalstabsoffiziere etwas Derartiges bereits erwartet. Dem Schreiben aus Berlin lag die „streng geheime“ Kriegsgliederung bei, nach welcher der neue Großverband aufgestellt werden sollte. Die offizielle Bezeichnung des Verbands war „Alpenkorps“, auch wenn sich in den Akten und der Literatur noch andere Bezeichnungen finden lassen: etwa „Königlich bayerisches Alpenkorps“, „Kaiserlich Deutsches Alpenkorps“ oder der auch heute noch am häufigsten gebrauchte Name „Deutsches Alpenkorps“.

Für das Alpenkorps galten einige Besonderheiten. Seiner Truppenstärke nach entsprach das Alpenkorps weder einem Armeekorps (= größter selbstständiger Heeresverband, in dem alle Waffengattungen vertreten waren und der zur Übernahme operativer Aufgaben vorgesehen war) noch einer gewöhnlichen Division (= kleinster, selbstständig agierender und alle Waffengattungen umfassender Heeresverband), sondern eher einer verstärkten Division. Im Ersten Weltkrieg belief sich die nominelle Stärke eines deutschen Armeekorps auf rund 44.900 Mann, davon waren 38.600 Mann Kampftruppen sowie 144 Geschütze. Die Truppenstärke einer Division belief sich auf 12.000–15.000 Mann.

Während des Einsatzes in Tirol hatte das Alpenkorps eine Stärke von zirka 26.000 Mann und rund 9500 Pferden und ist somit zwischen beiden Heeresformationen anzusiedeln. So war das Alpenkorps wie eine Division aufgestellt, jedoch wurde es durch zusätzliche Truppen, die im Normalfall nur einem Armeekorps angegliedert waren, verstärkt: schwere Artillerie, Kolonnen und Trains (= Truppengattung, der die Formation fast aller Kolonnen im Kriege zufällt. Im Krieg Aufstellung von Proviant-, Fuhrpark-, Gas- und Feldbäckereikolonnen, Sanitätskompanien, Brücken-Trains und Feldlazaretten, Pferdedepots, Pionierkompanien, Fernsprecheinheiten sowie einer Fliegerabteilung). Das Alpenkorps war zusätzlich mit einer großen Anzahl an Maschinengewehren ausgerüstet, die sich in elf Gebirgsmaschinengewehr-Abteilungen aufteilten und einem eigenen Stabsoffizier der Maschinengewehrtruppen unterstanden.

Ebenso war der Fuhrpark des Alpenkorps für die damalige Zeit außerordentlich üppig ausgestattet. „In seinen besten Zeiten verfügte das Alpenkorps in Tirol über 318 Personenautos, 190 Lastkraftwagen, 5 Omnibusse, 18 Krankenwagen und 77 Motorräder.“[14] Normalerweise waren selbst einem Armeekorps lediglich 60 Wagen samt Bedienungspersonal zugeteilt. Dies führte auch dazu, dass viele Offiziere die Autos für ihre privaten Zwecke nutzten oder die Untergebenen zu mehr oder weniger sinnlosen Fahrten veranlassten. In den Akten des Alpenkorps findet sich eine Reihe derartiger Beispiele. So etwa der Bericht über

**„Maschinengewehr 2 in Feuerstellung" – eine Maschinengewehreinheit des Alpenkorps Mitte Juli 1915 in den Dolomiten**

einen Unfall des Majors Prinz Joachim Albrecht von Preußen. Dieser fuhr selbst einen Wagen mit überhöhter Geschwindigkeit, obwohl er keinen Führerschein besaß. Der Prinz kam schließlich in einer Kurve von der Fahrbahn ab und hinterließ den Wagen „vollständig zertrümmert" neben der Straße. Er und sein Chauffeur erlitten nur leichte Verletzungen. Oder der Bericht über einen Oberleutnant einer Train-Abteilung, welcher extra zwei Wagen nach Bozen schickte und einen Unteroffizier damit beauftragte, „Mädels heraufzuschaffen". Interessanterweise ging General Krafft dabei mit schlechtem Beispiel voran, da er in seiner Freizeit ebenfalls seine Autoleidenschaft auslebte. Später erging ein Verbot, dass Offiziere den Wagen selbst führen durften.

„Die Ausstattung [...] mit Gerät war ausreichend, die am Ende des Einsatzes in Tirol reiche Ausstattung mit Kolonnen und Trains dürfte bei anderen Verbänden Neid erregt haben.“[15] Diese große Fülle an Gerät, Kolonnen und Trains lässt sich damit erklären, dass Generalleutnant Krafft ständig am Ausbau des Alpenkorps arbeitete. Dies erreichte er, indem er ungefähr 1900 Eingaben und Verbesserungsvorschläge über das Bayerische Kriegsministerium an die OHL schickte. Allerdings reagierte General Falkenhayn aufgrund der vielen Anträge zunehmend ungehalten, da er immer noch der Meinung war, dass die Entscheidung nicht an der Südwestfront fallen würde.

**„Das Bild zeigt den Unfall, der sich vor einigen Tagen bei uns ereignet hat“ – Kraftwagen-Kolonne des Alpenkorps, Bruneck Mitte August 1915.**

**Männer der Preußischen Fußartillerie-Batterie 102 vor ihrem Geschütz, das durch ein Maschendrahtnetz eventuell gegen Steinschlag geschützt werden sollte**

Eine weitere Besonderheit stellte die Führungsebene des Alpenkorps dar. Diese war ebenfalls zwischen einem Divisionsstab und einem Generalkommando anzusiedeln. Ein gewöhnlicher Divisionsstab besaß einen Generalstabsoffizier, das Generalkommando eines Armeekorps besaß dagegen drei Generalstabsoffiziere. Das Alpenkorps verfügte indessen über zwei Generalstabsoffiziere. Nicht zuletzt stand an der Spitze des Alpenkorps kein kommandierender General und auch kein Divisionskommandeur, sondern der „Führer des Alpenkorps". So lautete die offizielle Bezeichnung der OHL für Generalleutnant Konrad Krafft von Dellmensingen, auch wenn in der Literatur und selbst in zeitgenössischen Schriftstücken immer wieder von einem „Kommandeur“ die Rede ist.

Zusammenfassend bleibt festzuhalten, dass das Alpenkorps in vielen Punkten Eigenheiten aufwies, die ungewöhnlich für die damalige Zeit erscheinen und diesen Truppenverband in gewisser Weise auch von anderen Einheiten abhob. Dafür sind vor allem die Personalstärke, die Ausrüstung und die Korpsführung ausschlaggebend. Gerade die reiche Ausstattung an Gerät wurde zu einer wichtigen und dringend benötigten Hilfe an der Südtiroler Front.

## Die Verbände des Alpenkorps 1915

Die Truppen des Alpenkorps entstammten alle deutschen Kontingenten, außer dem sächsischen. Daher waren mit der Aufstellung des Alpenkorps auch 15 stellvertretende Generalkommandos beauftragt, welche jeweils Truppenkontingente zu stellen hatten. Da die Bayerische Armee etwa die Hälfte der Truppen des Alpenkorps stellte, war dem Bayerischen Kriegsministerium das „Kommando des Alpenkorps“ unterstellt. Dies änderte sich bis zum Ende des Krieges nicht.

Zum besseren Verständnis der folgenden Auflistung über die einzelnen Verbände des Alpenkorps wird ein Blick auf die Kriegsgliederung am Ende des Buches empfohlen.

Die Infanterietruppe des Alpenkorps wurde überwiegend aus schon bestehenden Eliteverbänden gebildet. Diese Einheiten besaßen bereits Kriegserfahrung von der Westfront. Manche Verbände, etwa das Bayerische Infanterie-Leibregiment, konnten zudem auf eine lange Tradition blicken.

Das Alpenkorps gliederte sich dabei in zwei Jäger-Brigaden. Unter Jägern im militärischen Sinn versteht man leichte Infanterieverbände, die vor allem in kleinen Gruppen eingesetzt wurden. Darüber hinaus zeichneten sie eine bessere Bewaffnung und eine spezielle Ausbildung im Schießen und Tiraillieren (Ausschwärmen in kleinen Gruppen) aus.

**Männer des Bayerischen Infanterie-Leibregimentes in Kartitsch, Sommer 1915**

**Ein Mann des 1. Bayerischen Jägerbataillons kurz vor seinem Ausmarsch ins Feld; auch seine Ausrüstung ist sehr interessant, neben dem Bergstock trägt er Steigeisen um seine Fersen.**

In der Bayerischen Jäger-Brigade Nr. 1 waren das Bayerische Jägerregiment Nr. 1, bestehend aus dem 1. und 2. Bayerischen Jägerbataillon und dem Reserve-Jägerbataillon Nr. 2, sowie das Bayerische Infanterie-Leibregiment vereinigt. Alle Einheiten waren Eliteverbände der Bayerischen Armee und besaßen eine lange Tradition. Der Bayerischen

Ein Jäger des Jäger-Regiments Nr. 3 posiert für ein Studioporträt.

Jäger-Brigade Nr. 1 waren darüber hinaus zwei Radfahrer-Kompanien und eine Ersatz-Radfahrer-Kompanie angegliedert.

In der Jäger-Brigade Nr. 2 waren das Jäger-Regiment Nr. 2 und das Jäger-Regiment Nr. 3 vereinigt. Das Jäger-Regiment Nr. 2 unterteilt sich weiter in das Großherzoglich-Mecklenburgische Reserve-Jägerbataillon 14 sowie in das Hannoversche Jägerbataillon 10 und das Hannoversche Reserve-Jägerbataillon 10. Das Hannoversche Jägerbataillon 10, dessen Angehörige auch „Goslarer Jäger" genannt wurden, war ebenfalls eine traditionsreiche Eliteeinheit. Im Jäger-Regiment Nr. 3 waren die Preußischen Schneeschuhbataillone 2 und 3 und die Bayerischen Schneeschuhbataillone 1 und 4 zusammengefasst. Ähnlich der Jäger-Brigade Nr. 1 verfügte die Jäger-Brigade Nr. 2 ebenfalls

**Männer des Jäger-Regiments Nr. 3 beim Essenfassen an einer Feldküche**

über eine Radfahrer-Kompanie. Daneben waren alle Regimenter mit Maschinengewehren ausgestattet.

An Kavallerie wurde dem Alpenkorps die 3. Eskadron des Bayerischen 4. Chevaulegers-Regiments (= leichte bayerische Kavallerietruppe) zugeteilt.

Daneben verfügte das Alpenkorps über folgende Artillerieverbände: Die Preußischen Feldartillerie-Abteilungen 203 und 204 mit jeweils leichten Munitionskolonnen. Weiters gehörten die beiden Preußischen Fußartillerie-Batterien Nr. 101 (später 104) und 102 sowie die Bayerische Gebirgs-Kanonen-Abteilung 2, ebenfalls mit leichten

**Die Bedienung eines Geschützes vor dem Unterstand in der Nähe von Bad Moos (bei Sexten), Preußische Fußartillerie-Batterie 102 im September 1915**

Munitionskolonnen, zu den Artillerieverbänden des Alpenkorps. Für die Bayerische Gebirgs-Kanonen-Abteilung 2 (ab 15. August 1915 in Gebirgs-Artillerie-Abteilung 2 umbenannt) bleibt zu bemerken, dass diese sich neben den Bayerischen Gebirgs-Kanonen-Batterien 7 und 8 (ein Zug bayerisch, ein Zug württembergisch) auch aus der Württembergischen Gebirgs-Kanonen-Batterie 6 zusammensetzte. Somit dienten nur in den Artillerieverbänden des Alpenkorps württembergische Einheiten während des Einsatzes in Tirol.

Ergänzt wurde das Korps durch die Großherzoglich-Hessische Sanitätskompanie 101 (später 201), die Preußischen Minenwerfer-Abteilungen 269–272, die Preußische (101) und die Bayerische (102)

Männer der Württembergischen Gebirgs-Kanonen-Batterie 6 in Südtirol 1915

Der Signaltrupp Laux des Alpenkorps bei seiner Arbeit in der Nähe von Bozen, Juni 1915

Pionier-Kompanie, einen Preußischen Scheinwerfer-Zug 101 und einen Bayerischen Scheinwerfer-Zug 102 sowie die Signaltruppen 1–4 und 5–8, die leichten Funkstationen Nr. 6, Nr. 12 und Nr. 15, die schwere Funkstation Nr. 40 und die Gebirgs-Fernsprech-Abteilung 29.

Nicht zu vergessen ist die Bayerische Feldfliegerabteilung Nr. 9, welche allerdings nur bis zum 9. August 1915 dem Alpenkorps unterstellt war. Der kaiserliche Befehl (auf den an anderer Stelle noch genauer eingegangen wird), dass deutsche Truppen die italienische Grenze nicht überschreiten durften, schränkte die Fliegerabteilung zu sehr ein. Ebenso die widrigen Flugbedingungen, sowohl durch schlechtes Wetter hervorgerufen als auch durch die Eigenheiten des Hochgebirges, machten eine sinnvolle Verwendung der Flugzeuge nahezu unmöglich. Daher wurde die Feldfliegerabteilung im Sommer 1915 aus Tirol abgezogen und an die Westfront versetzt.

## Konrad Krafft von Dellmensingen „Führer des Alpenkorps“

Konrad Heinrich Christoph Krafft von Dellmensingen wurde im November 1862 in Laufen in Oberbayern geboren. Das genaue Geburtsdatum Kraffts bleibt allerdings bis heute strittig (24. oder 20. November). Krafft wurde als zweites Kind des königlich-bayerischen Notars Johann Krafft von Dellmensingen und dessen Frau Anna, geborene Winkler, in eine Adelsfamilie hineingeboren, welche eigentlich aus Württemberg stammte und deren Wurzeln bis in das hohe Mittelalter nachweisbar sind. 1866 kam Krafft zum ersten Mal in Berührung mit dem Militär. Im Haus der Eltern waren preußische Dragoner und Kürassiere (= beides Kavallerieverbände) einquartiert, welche den jungen Krafft mit großer Bewunderung erfüllten. Ebenfalls fuhr die Familie Krafft 1871 eigens nach Würzburg, um die siegreichen deutschen Truppen zu bejubeln.

Ursprünglich erwuchs in Krafft der Wunsch, einmal die Marinelaufbahn anzustreben, allerdings trat Krafft 1875 dem königlich-bayerischen Kadettenkorps bei. Dies geschah zum einen auf Wunsch seines Vaters, welcher ein nationalkonservativer Patriot war, aber auch auf Kraffts eigenen Wunsch. Thomas Müller geht davon aus, dass die Kindheitserlebnisse, zum Beispiel die preußischen Dragoner und Kürassiere, die 1866 im Hause der Kraffts einquartiert waren, oder auch das Bejubeln der siegreichen Truppen in Würzburg 1871, äußerst richtungweisend auf Krafft gewirkt haben, sodass er seinen Wunsch, Marineoffizier zu werden, wieder verwarf und stattdessen eher eine Offizierslaufbahn im Heer anstrebte. Krafft war von Krieg und Soldatentum äußerst fasziniert, was er, wie folgt, ausdrückt: „Krieg war also für mich eine höchst interessante und an neuen Freuden reiche Zeit. Schon damals ist eine unbewußte Hinneigung zum Soldatentum deutlich bei mir in Erscheinung getreten. Das war von nun an das ganze Ziel meiner Sehnsucht."[16]

So wird auch Kraffts weiteres Leben das eines überzeugten Militärs sein. Nach Abschluss des Kadettenkorps trat Krafft 1881 als Portepeefähnrich in das Königlich-Bayerische 4. Feldartillerie-Regiment „König" in Augsburg ein. Eigentlich wäre Krafft aufgrund seines Standes und seines guten Abschlusses des Kadettenkorps eher dazu geneigt gewesen, der Kavallerie beizutreten. Allerdings konnten es sich die Kraffts nicht leisten, ihrem ältesten Sohn diesen Wunsch zu finanzieren. Die Kraffts gehörten zum verarmten Adel und hatten zudem noch sechs weitere Kinder zu versorgen. Nach dem Abschluss der Kriegsschule 1882/83 als Jahrgangsbester wurde Krafft im Dezember 1883 zum Offizier (Sekondeleutnant) befördert. Es folgten eineinhalb Jahre Artillerie- und Ingenieurschule bis 1885. 1886 lernte Krafft seine spätere Frau Helene Zöhrer kennen, die er allerdings erst 1902 nach dem Tod seines Vaters heiraten konnte. Es gab innerfamiliäre Streitigkeiten wegen dieser Verbindung. Vor allem Kraffts Mutter, aber auch der Vater waren gegen eine Hochzeit. Scheinbar spielte die Autorität des Vaters eine so große Rolle, dass Krafft erst nach dessen Tod seine spätere Frau heiratete.

Ab 1888 ging Krafft als Reitschüler für zwei Jahre an die Equitationsanstalt in München. Anschließend besuchte er ab 1891 die

Bayerische Kriegsakademie und wurde noch im selben Jahr zum Premierleutnant (Oberleutnant) befördert. Die Kriegsakademie schloss Krafft äußerst erfolgreich ab, was ihm den weiteren Weg für seine berufliche Zukunft bahnte. Zunächst tat Krafft für ein Jahr Dienst als Brigadeadjutant der 1. Feldartilleriebrigade, um gleich danach, ab 1896, ebenfalls für ein Jahr im Bayerischen Generalstab verwendet zu werden. Im Februar 1897 wurde Krafft zum Hauptmann befördert und übernahm als Batteriechef die 11. Batterie seines Regimentes. Diese Stellung behielt er bis zum September 1899. Es folgen zwei Jahre Dienst als Hauptmann im Generalstab der 2. Division in Augsburg sowie ein Jahr als Generalstabsoffizier in der Zentralstelle des Generalstabes. Im September 1903 erfolgte die Beförderung zum Major und der Umzug nach Berlin, da Krafft von nun an seinen Dienst für zwei Jahre im preußischen Großen Generalstab tat. Im Februar 1906 erhielt Krafft das Kommando über die I. Abteilung des „Königlich-Bayerischen 9. Feldartillerie-Regiments" in Landsberg am Lech. Es folgte die Beförderung zum Oberstleutnant sowie die Übernahme des „Königlich-Bayerischen 11. Feldartillerie-Regiments" in Würzburg als Regimentskommandeur. Bereits im Dezember 1909 erfolgten die nächste Beförderung Kraffts zum Oberst und schließlich seine Verwendung als Brigadekommandeur der 4. Feldartilleriebrigade.

Im April 1912 erreichte Krafft dann den „Gipfel einer unter normalen Umständen erreichbaren Soldatenkarriere".[17] Er wurde zum Chef des Generalstabes der Armee und der Inspektion der Militär-Bildungsanstalten berufen und behielt diese Stellung bis wenige Tage nach Kriegsausbruch 1914. Noch im Herbst 1912 erfolgte die Beförderung zum Generalmajor. Am 2. August 1914 wurde Krafft schließlich zum Generalstabschef der 6. Armee „Kronprinz Rupprecht" berufen. Zunächst wurde die 6. Armee an der Westfront eingesetzt. Bald begann sich das Verhältnis zwischen dem Armeeoberkommando 6 (AOK 6) und der OHL deutlich einzutrüben. Dies lag zum einen daran, dass Krafft immer stärkere Antipathien gegen den Generalstabschef der OHL, General Erich von Falkenhayn, hegte, die auf persönlicher Abneigung und viel mehr noch auf fachlichen Differenzen beruhten. Zum anderen fühlte sich auch Kronprinz Rupprecht sehr bald in seiner Führung der 6. Armee durch Falkenhayn behindert. Dieser versuchte immer mehr, preußische Offiziere dem AOK 6 zu unterstellen oder über dieses zu stellen, um so in die Führung Rupprechts einzugreifen. Im Mai 1915 erreichte der Disput seinen Höhepunkt. Sowohl Krafft als auch Rupprecht beschwerten sich persönlich bei Kaiser Wilhelm II. über Falkenhayn. Dies war allerdings nur ein formeller Akt, da Kaiser Wilhelm II. schon damals de facto keine Entscheidungsgewalt über die OHL besaß. Die Konsequenz war, dass der Kaiser die Beschwerden zwar in allen Punkten teilte, Krafft dafür aber seine Stellung als Generalstabschef der 6. Armee verlor. Somit konnte Falkenhayn geschickt zwei Probleme auf einmal lösen. Zum einen nahm er dem Kronprinzen einen seiner wichtigsten und engsten Berater, Krafft stand stets loyal hinter Rupprecht, und hoffte, somit auch den Konflikt zwischen dem AOK 6 und der OHL zu beenden. Weiterhin beauftragte Falkenhayn Krafft mit der Führung des neu aufzustellenden Alpenkorps und entfernte ihn somit aus dem Generalstab der 6. Armee, ohne ihn für seine Beschwerde zu rügen. Krafft, der bereits geahnt hatte, dass Falkenhayn ihn absetzen würde, reagierte auch während seiner Zeit in Südtirol äußerst reserviert, bisweilen ablehnend auf Falkenhayn. Dies zeigt sich darin, dass Krafft auch in seinem Tagebuch abwertende Anmerkungen zu Falkenhayn notiert. Nach dem Treffen in Rosenheim am 9. Juni 1915 schreibt Krafft:

> *„Auffallend ist, dass Falkenhayn die Gefahr des Ermattungskrieges klar erkannt, aber trotzdem zum Abwarten und dem verdächtigen „Durchhalten" kommt, statt vielmehr zu der Absicht, durch mutige Schläge auf den Hauptgegner – meines Erachtens zuerst England, dann Frankreich – den Feindbund zu zertrümmern. Er ist doch mehr Ermattungs- als Verteidigungsstratege, trotzdem daß die Zeit unaufhaltbar gegen uns arbeitet – und gibt damit den Krieg innerlich schon verloren. Falkenhayn ist zu sehr Dilettant und zu wenig Charakter, um die großen, einfachen Notwendigkeiten, den Westsieg in der großen Durchbruchsschlacht, klar zu erkennen und unverrückbar darauf hinzuarbeiten."*[18]

**Postkarte, die den „Führer des Alpenkorps", Generalleutnant Konrad Krafft von Dellmensingen, zeigt**

In dieser Einschätzung erkennt Krafft bereits 1915 in Falkenhayn den „Ermattungsstrategen" und hält zugleich selbst am traditionellen Denken fest, dass der Sieg nur in einer „großen Durchbruchsschlacht" zu finden sei. Weiter urteilt Krafft in einem bezeichnenden Eintrag vom 25. September 1915 über Falkenhayn: „Großadmiral Tirpitz leider verabschiedet. Falkenhayn sollte ihm baldmöglichst folgen! Jeder andere wäre besser!"[19] Diese Antipathie gegenüber Falkenhayn lässt auch den

Rückschluss zu, dass Krafft anfangs über seine neue Stellung als „Führer des Alpenkorps“ nicht erfreut war. Er befürchtete, in Südtirol nur mehr „die ganze Misere der Österreicher“[20] ausbaden zu müssen und „in dieser von vorneherein gründlich verfahrenen Lage nur Ehre und Reputation [einzubüßen]“[21].

Selbst seine Beförderung zum Generalleutnant am 19. Mai 1915 wollte ihn nicht über diesen Umstand hinwegtrösten, auch wenn er sich nun mit „Exzellenz“ anreden lassen konnte, was ein lang gehegter Wunsch von ihm war. Dennoch schien Krafft für diese neue Stellung geeignet. Das wusste auch Falkenhayn, denn Krafft war schon seit frühester Kindheit in den Bergen unterwegs gewesen, vor allem mit seinem Bruder Albrecht, und kannte auch die Dolomiten und damit sein zukünftiges Einsatzgebiet sehr gut. Krafft hatte keine andere Wahl, als sich mit der neuen Situation zu arrangieren. Resümierend in einem Eintrag vom 20. Mai 1915 schreibt er: „Aber man muß im Krieg die Dinge nehmen, wie sie sind! Jedenfalls ist da einmal eine nicht alltägliche Aufgabe. Ich werde mich nicht so leicht unterkriegen lassen und aus der Sache machen, was möglich ist.“[22]

# Erster Einsatz in Südtirol

Dieser Abschnitt möchte dem Leser den ersten Einsatz des Alpenkorps an der Gebirgsfront 1915 näherbringen. Zunächst soll die militärische Lage der Mittelmächte nach dem „Intervento" aufgezeigt werden, um weiter zu verdeutlichen, weshalb das Alpenkorps nach Südtirol entsandt wurde. Ebenso wird die Situation der österreichisch-ungarischen Streitkräfte zu betrachten sein. Weiter sollen die Ankunft in Südtirol, der Streit um die Verwendung des Alpenkorps sowie die ersten Feindseligkeiten in kurzen Zügen geschildert werden. Darüber hinaus wird das Verhalten der Angehörigen des Alpenkorps gegenüber der Südtiroler Zivilbevölkerung sowie gegenüber den italienischen Soldaten thematisiert und ausgewertet. In diesem Zusammenhang sollen auch einige Angehörige des Alpenkorps selbst zu Wort kommen, um ihre persönlichen Eindrücke und Wahrnehmungen vom Einsatz in Tirol zu verdeutlichen. Anschließend zeigt ein Exkurs die Besonderheit des „Edelweiß"-Abzeichens an der Kopfbedeckung der Soldaten des Alpenkorps. Die ersten Probleme und deren Lösung während des Einsatzes in Tirol werden ebenfalls in den Fokus gerückt.

Obwohl die Truppen des Alpenkorps speziell für den Einsatz im Gebirge aufgestellt waren, verfügten sie bisher praktisch über keine Erfahrungen für einen Kampfeinsatz im Hochgebirge. Daher traten zu Anfang des Einsatzes in Tirol häufig Probleme auf, die mangels fehlender Einsatzerfahrung nicht abzusehen waren und gelöst werden mussten. Schließlich ist der Streit um die Verwendung des Alpenkorps Teil dieses Kapitels. Vor allem die Frage, ob die Kräfte des Alpenkorps für eine Offensive gegen italienische Stellungen eingesetzt werden dürfen, wird von zentraler Bedeutung sein.

Den Schluss des Kapitels bildet ein weiterer Exkurs. Dieser thematisiert die in der zeitgenössischen Literatur vielfach gerühmte

Ein unbekannter Soldat der Schneeschuh-Ersatzabteilung in Immenstadt posiert mit seinen Skiern für ein Foto.

„deutsch-österreichische Waffenbrüderschaft". Hier wird zum einen ein kurzer, allgemeiner Blick auf die verbündeten österreichischen Standschützen gerichtet. Zum anderen soll das Verhältnis zu den Einheiten des Alpenkorps am Beispiel der Tiroler und Vorarlberger Standschützen näher beleuchtet werden. Nicht zuletzt ist der Blick auf die „interne Sicht" Konrad Krafft von Dellmensingens zu richten, um seine Auffassungen über die verbündeten Truppen zu untersuchen.

## Die militärische Lage der Mittelmächte nach dem „Intervento"

Nachdem Italien Österreich-Ungarn den Krieg erklärt hatte, war die neue Front im Südwesten aus österreichischer Sicht vollkommen unterbesetzt. Die Donaumonarchie konnte zu diesem Zeitpunkt nicht ihre eigentliche Gebirgstruppe, die Landesschützen (ab 1917 umbenannt in Kaiserschützen) und die heimischen Tiroler Kaiserjäger, an der Front einsetzen. Beide Formationen hatten bereits 1914 in Galizien gegen die Russen schwerste Verluste erlitten und waren noch immer an der Ostfront und auf dem Balkan gebunden. Lediglich in den Festungswerken und Sperrforts dienten noch reguläre österreichisch-ungarische Truppen.

Bereits am 18. Mai 1915 ließ Kaiser Franz Joseph die Vorarlberger und Tiroler Standschützen mobilisieren. Dies war das „letzte Aufgebot Tirols". Durch die schweren Verluste, welche die regulären Einheiten (vor allem die Kaiserjäger) erlitten hatten, waren bereits die geeignetsten Männer als Ersatz gemustert und eingezogen worden. Infolgedessen verblieben nur noch die Männer, die entweder zu jung, zu alt oder als untauglich für den Militärdienst galten. Allerdings konnten neuere Untersuchungen, wie die von Michael Forcher zeigen, dass es sich keineswegs nur um „junge Buben" und „alte Greise" handelte, die Tirol verteidigten. Vielmehr lag das Alter der Männer, die in den untersuchten Bataillonen dienten zu einem Großteil zwischen 21 und 42 Jahren, gefolgt von der Gruppe der über 50-Jährigen. Forcher konnte zudem nachweisen, dass nur sehr wenige Standschützen unter 19 beziehungsweise über 60 oder sogar 70 Jahre alt waren. Demnach lässt sich der Mythos, dass Tirol im Frühjahr 1915 durch ein „letztes Aufgebot", das lediglich aus Greisen und Kindern bestand, heute nicht mehr aufrecht erhalten.

Aufgeboten wurden die Standschützen in 44 Bataillonen, nach ihrer Herkunft geordnet (in sogenannten Talschaften), zusammen zirka 18.000 bis 20.000 Mann. In der vorhandenen Literatur schwankt diese Zahl sehr stark, und es gibt unterschiedliche Auffassungen darüber, wie

**„Wer weiß, ob wir uns wiedersehen" – eine Gruppe österreichisch-ungarischer Soldaten (Landesschützen und andere) kurz vor ihrem Ausmarsch ins Feld 1915.**

viele Standschützen Tirol tatsächlich verteidigten. Allerdings erscheint die hier aufgeführte Stärke am realistischsten. Sie folgt damit den Angaben Pichlers, der diese Anzahl in seiner Untersuchung plausibel begründet. Die Standschützen bildeten für die erste Zeit vornehmlich den Widerstand gegen die angreifenden Italiener. An der Südtiroler Front standen auf Seiten Österreich-Ungarns zu Kriegsbeginn etwa 35.000 Mann, welche die 350 bis 400 Kilometer lange Grenze verteidigten. Später erhöhte sich die Zahl der Truppen unter anderem durch das Alpenkorps und zehn weitere Landsturmbataillone auf etwa 100.000 Mann. Dennoch blieb die Lage angespannt. Zwar sollte die 5. Armee zusätzlich zur Verfügung gestellt werden und die österreichisch-ungarische Truppenstärke auf 225.000 Mann anheben, da diese aber direkt am Isonzo eingesetzt wurde, musste Tirol weiterhin mit geringen Kräften verteidigt werden.

Das Bayerische Kriegministerium ging unverzüglich daran, die Truppen des Alpenkorps auf dem Übungsplatz Lager Lechfeld nahe Augsburg zu versammeln. Dort sollten die Einheiten mit ihrer Gebirgsausbildung beginnen. Dazu kam es allerdings nicht mehr. Beinahe täglich wurde mit der Kriegserklärung Italiens und einem gleichzeitigen Angriff gerechnet, sodass Generalleutnant Krafft damit begann, die ersten Truppen schnellstmöglich nach Südtirol zu entsenden, obwohl das Alpenkorps noch nicht vollständig versammelt war und keine Ausbildung erhalten hatte. Als Erstes erreichte das Bayerische Infanterie-Leibregiment einen Tag nach der Kriegserklärung, am 24. Mai 1915, den Einsatzraum in Südtirol. Die restlichen Truppen des Alpenkorps sollten bis zum 11. Juni 1915 vollständig versammelt sein. Auf ihrem Transport durch Tirol wurden die deutschen Truppen überall mit großem Jubel empfangen: „Unbeschreiblich war die Begeisterung der Tiroler Bevölkerung bei der Ankunft der ersten Transportzüge; Jung und Alt jubelte den Reichsdeutschen zu; neues Vertrauen war bei ihnen eingezogen."[23] Ähnliches wurde aus Kufstein berichtet: „Es war den Kufsteinern eine wahre Freude und ein Herzensbedürfnis, die deutschen Truppen, welche unsere Stadt passiert haben, zu begrüssen und sie mit bescheidenen Gaben zu beteilen."[24]

Krafft war bereits am 20. Mai nach Innsbruck gereist, da man von deutscher Seite schon zu diesem Zeitpunkt einen Angriff Italiens befürchtete. Er beschreibt die äußerst angespannte militärische Lage in dieser Zeit wie folgt:

> *„Aber die ständigen Befestigungen sind zumeist veraltet, in den Tälern gelegen und können leicht niedergekämpft und umgangen*

*werden. Für die ausgedehnten Feldbefestigungen auf der 500 km langen Front fehlen die Verteidiger. Auch die Artillerie ist ganz unzureichend. Ebenso schlimm ist es mit Waffen und Munition bestellt. Da Österreich an Gewehren Mangel leidet, hat Deutschland ausgeholfen und sämtliche Landsturm Bataillone sowie die Standschützen mit dem deutschen Gewehr M 88 ausgerüstet. Für jedes Gewehr sind aber vorderhand nur 500 Schuß vorhanden; wie es mit dem weiteren Nachschub bestellt ist, ist unbekannt. Wenn unsere deutschen Truppen hinzukommen, die mit dem Gewehr M 98 ausgestattet sind, so haben diese wieder eine andere Munition. Ebenso schlecht steht es um die Artilleriemunition. Zwar haben die Geschütze der ständigen Sperrenbefestigung, die 10 cm Turmhaubitzen und andere Haubitzen für jedes Geschütz 1000 Schuß. Aber für das einzige wirksame 12 cm Festungsflachbahngeschütz sind pro Geschütz nur 350 Schuß vorhanden.*
*Wie soll man mit solchen Mitteln Tirol auf längere Zeit verteidigen?"*[25]

Aus dieser Einschätzung geht hervor, dass die Probleme nicht nur in der geringen Anzahl der Verteidiger lagen. Die Ausrüstung der Standschützenbataillone war unzureichend und die Munition äußerst knapp. Dazu schätzte Krafft die Kampfkraft der Sperrforts sehr gering ein, da diese sowohl von der Bewaffnung als auch von der Bauweise zu einem Großteil dem modernen Krieg nicht gewachsen schienen. Mit dieser Beurteilung sollte er recht behalten, da die meisten Sperrforts schon zu Beginn des Krieges gegen Italien aufgrund von starker Zerstörung geräumt werden mussten.

Somit erwies sich das Alpenkorps besonders durch seine kampferprobten Truppen und durch seine gute Ausstattung an Waffen und Material als eine sehr nützliche Hilfe für die Verteidigung Tirols. In den Akten des Alpenkorps findet sich eine allgemeine Lageeinschätzung vom 28. Mai 1915. In dieser wird die Situation an der neuen Front im Südwesten weniger drastisch dargestellt. Zudem widerspricht sie in manchen Punkten dem, was Krafft selbst in seinem Kriegstagebuch beschreibt. Die Vermutung liegt nahe, dass mancher Punkt geschönt dargestellt wird:

> *„In den zehn Monaten Kriegsdauer wurden ferner die Kriegsausrüstungen der Tiroler Festungen und Sperren vollendet, alle veralteten Werke nach den bisherigen Kriegserfahrungen modernisiert, an der ganzen Tiroler Grenze eine starke, erste Widerstandslinie (feldmäßige Stützpunkte mit Drahthindernissen)' und im Landesinneren eine zweite und dritte Widerstandslinie geschaffen. [...] Zusammenfassend kann gesagt werden, dass Tirol derzeit stark befestigt und die Befestigungen für eine erste Verteidigung ausreichend besetzt sind."*[26]

**Eine Gruppe Kraftfahrer des Alpenkorps posiert für ein Bild in Bruneck Mitte August 1915. Interessant ist, dass noch nicht alle Männer ein Edelweiß tragen. Dagegen trägt der Schreiber der Karte (Pfeil) die „Edelweiß"-Abzeichen wie die k. k. Landesschützen am Kragen, obwohl dies laut Anweisung nicht erlaubt war.**

Dieser Lageeinschätzung kann aus heutiger Sicht nicht gefolgt werden. Südtirol war zu diesem Zeitpunkt keineswegs „ausreichend besetzt". Auch hätte die „erste Widerstandslinie" wohl kaum einem größeren Angriff der Italiener standgehalten, obwohl die geografischen Begebenheiten den Verteidigern vorerst Vorteile verschafft hätten.

Die Italiener stellten den Verteidigern Tirols eine deutliche Übermacht entgegen. Das savoyische Königreich griff wie vorgesehen mit der 1. und 4. Armee (zusammen 250.000–280.000 Mann) in Südtirol an. Eine etwa gleich große Anzahl an Truppen (230.000 Mann) setzte General Cadorna für den Durchbruch am Isonzo ein. Somit halbierte er seine Kräfte, was sich später als äußerst nachteilig erwies. Hätte General Cadorna seinen Truppen den direkten und unmittelbaren Angriff nach der Kriegserklärung befohlen, wären diese mit sehr hoher Wahrscheinlichkeit durch die nur schwach besetzten österreichisch-ungarischen Linien gebrochen.

## Ankunft in Südtirol, Streit um die Verwendung des Alpenkorps und erste Kampfhandlungen

Nachdem Krafft bereits am 20. Mai 1915 nach Innsbruck gereist war, fuhr er am nächsten Tag weiter nach Brixen, wo er im dortigen Hotel „Elephant" seinen Divisionsstab einrichtete. Zunächst galt es, die Frage zu klären, ob die Einheiten des Alpenkorps über die gesamte Front verteilt zum Einsatz kommen sollten, wie es dem Wunsch des Landesverteidigungskommandos gleichkam. Krafft sprach sich entschieden dagegen aus, da er bei einer Zersplitterung seiner Kräfte die einheitliche Verwendung des Alpenkorps in Gefahr sah. Es war geplant, das Alpenkorps vorrangig als eine schlagkräftige Reserve zurückzustellen, um es bei einem etwaigen Frontdurchbruch der Italiener direkt gegen die eingedrungenen Truppen einzusetzen:

*„Dem in Zentraltirol aufmarschierenden deutschen Alpenkorps fällt nun mehr im Allgemeinen die Rolle der Hauptreserve einer*

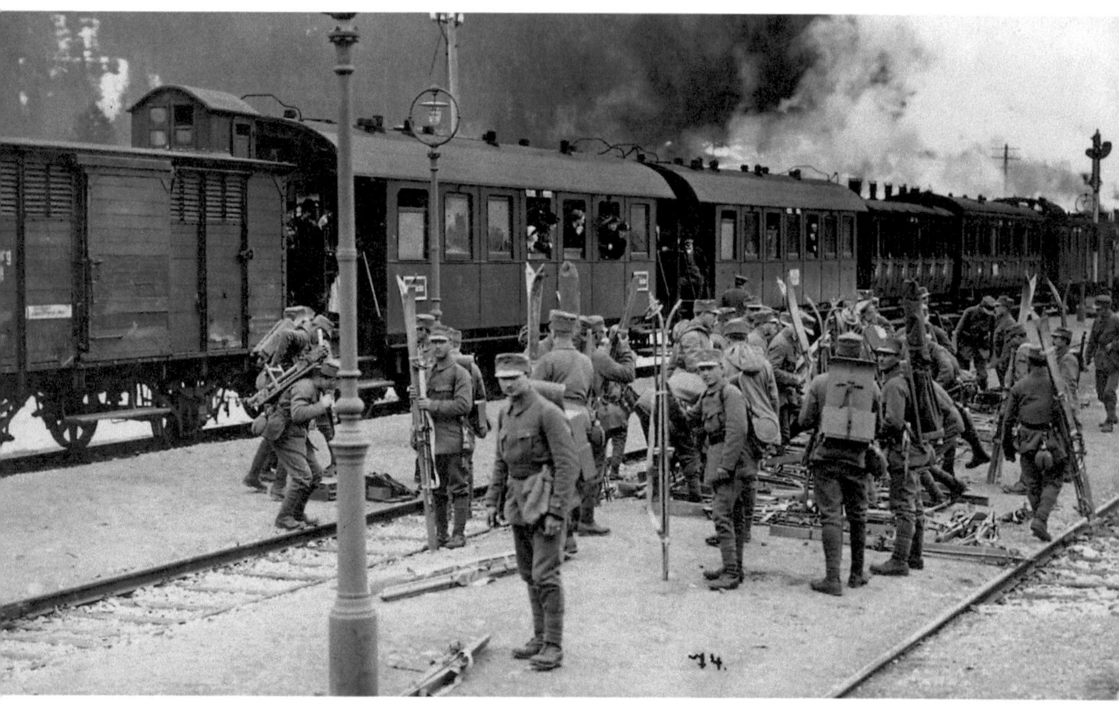

**Männer eines Schneeschuhbataillons machen sich und ihre Ausrüstung fertig zum Verladen in Richtung Südtirol.**

> *ausgedehnten Festung zu. Die Tätigkeit des Alpenkorps wird daher voraussichtlich in kurzen, aber kraftvollen Vorstößen (Ausfällen) in Räume, in die der Feind einzubrechen droht oder eingegraben ist, bestehen. Im Falle der Notwendigkeit kann freilich auch eine direkte Verstärkung der Grenzverteidigung durch Teile des Alpenkorps unvermeidlich sein.“*[27]

Wie zuvor angesprochen, kamen die Einheiten des Alpenkorps fast ausnahmslos in den Rayonen IV und V zum Einsatz. Somit wurde dem Alpenkorps der Aufmarschraum Klausen–Brixen–Franzensfeste sowie St. Lorenzen–Bruneck zugewiesen.

Unterdessen befahl Krafft den Abtransport aus dem Lager Lechfeld, denn es war Eile geboten. Man rechnete jeden Moment mit einem

Angriff der Italiener. Daneben erfolgte die Meldung, dass sich französische Alpenjäger im Anmarsch befänden, welche die Italiener angeblich unterstützen sollten. Diese Nachricht stellte sich später allerdings als Gerücht heraus. Folglich war die militärische Lage für die Mittelmächte äußerst angespannt. Allerdings vergingen die ersten Tage nach der Kriegserklärung, ohne dass etwas Ernstes geschah. Die Italiener tasteten sich nur sehr langsam und vorsichtig an die österreichisch-ungarischen Stellungen heran. In den ersten zwei Wochen nach der Kriegserklärung kam es lediglich zu Gefechten zwischen den österreichisch-ungarischen und den italienischen Sperrforts, die sich gegenseitig mit ihrer Festungsartillerie beschossen. Auch ein paar kleinere Infanteriegefechte sind vermerkt. Der große italienische Angriff blieb allerdings aus. Dies hatte mehrere Gründe. Zum einen teilte General

**„Bahnfahrt nach Tirol" – Männer des Alpenkorps auf dem Weg nach Südtirol im Sommer 1915**

Cadorna seine Kräfte in zwei Teile, anstatt in einem kraftvollen Stoß (beispielsweise gegen das Pustertal) die Entscheidung zu suchen. Dazu fürchtete er einen Angriff aus Tirol, der seine linke Flanke gefährden könnte. Zum anderen schätzte er wohl die Anzahl der österreichisch-ungarischen Verteidiger viel höher, als diese tatsächlich war.

Es ist unwahrscheinlich, dass das zögerliche Vorgehen Cadornas auf die Anwesenheit des Alpenkorps zurückzuführen ist. In der Literatur ist zwar vermerkt, dass Deutschland „bedingungslos" zu seiner Bündnispflicht mit Österreich-Ungarn stehen würde und somit klar sei, dass die Italiener auch auf deutsche Truppen treffen würden. Dieser These, dass die Italiener über die Anwesenheit deutscher Truppen von vornherein informiert waren, kann aus heutiger Sicht nicht beigepflichtet werden. Zumindest kann nicht davon ausgegangen werden, dass dies auf italienischer Seite von Anfang an bekannt war. Zu Beginn des Einsatzes in Tirol wurde von deutscher Seite strengstens darauf geachtet, dass die Anwesenheit deutscher Truppen geheim blieb. In den Akten des Alpenkorps ist beispielsweise von einem „Photographen Hafke" die Rede, welcher Bilder von deutschen Soldaten gemacht haben soll:

> *„In der Presse sind wiederum Bilder veröffentlicht worden, welche deutsche Truppen auf Tiroler Boden zeigen. Die Aufnahmen scheinen von einem dem oesterr. Kriegspressequartier nicht angehörenden Photographen, namens Hafke, der sich in Bozen aufzuhalten scheint, hergestellt worden sein. Auf diesen Photographen ist besonderes Augenmerk zu richten. Falls Hafke im Besitz derartiger Bilder getroffen oder beim Aufnehmen deutscher Truppen ertappt wird, sind ihm Apparat und Platten abzunehmen. Hafke selbst ist in Gewahrsam zu behalten […]. Aufnahmen deutscher Truppen auf Tiroler Boden werden bis auf weiteres verboten."*[28]

Man wollte damit verhindern, dass Rumänien, welches mit Italien verbündet war, durch den Einsatz deutscher Truppen auf dem Gebiet Italiens zu einem Kriegseintritt gegen das Deutsche Reich bewegt werden könnte. Aus diesem politischen Problem ergab sich der Streitpunkt über die künftige Verwendung des Alpenkorps an der Gebirgsfront.

Das Landesverteidigungskommando Tirol unter General Dankl war von vornherein für eine offensive Verteidigung. Dankl wollte das Alpenkorps aufgrund seiner guten Ausstattung mit schweren Waffen für eine Frontverkürzung einsetzen, die das Betreten von italienischem Gebiet erforderte. General Falkenhayn dagegen nahm das oben geschilderte Problem zum Anlass, um bei Kaiser Wilhelm II. einen Befehl zu erwirken, der es dem Alpenkorps verbot, Operationen auf italienischem Gebiet durchzuführen. Zudem sollten die Italiener möglichst als „Angreifer“ gegenüber den deutschen Truppen auftreten. Somit war die Verwendung des Alpenkorps eindeutig geklärt. Allerdings bedeutete

**Kraftwagen-Kolonne des Alpenkorps Mitte Juni 1915 in Cavalese**

**Männer des Jäger-Regiments Nr. 3 fassen Essen an einer Feldküche in Südtirol. Deutlich ist das Edelweiß über dem linken Ohr an der Mütze (weißer Punkt) zu erkennen.**

dieser Befehl eine erhebliche Einschränkung für den Handlungsspielraum der Deutschen. Denn nun konnten sie nur innerhalb der Tiroler Grenze eingesetzt werden.

Aus demselben politischen Problem wurden auch sämtliche Aktionen des Alpenkorps aus dem deutschen und österreichisch-ungarischen Heeresbericht gestrichen. Krafft wird später verärgert darüber schreiben: „Unsere deutschen Truppen in Tirol sind bis jetzt in allen Heeresberichten aus den bekannten diplomatischen Rücksichten völlig totgeschwiegen worden, obwohl sie hauptsächlich die feindlichen Angriffe abgeschlagen haben. Auf die Dauer geht das nicht, ich berichte deshalb an das Gr. Hauptquartier."[29] Dagegen halfen alle Interventionsversuche und Gegendarstellungen nichts. Der kaiserliche Befehl wurde nicht zurückgenommen.

Da der befürchtete Großangriff der Italiener vorerst ausblieb, konnten die deutschen und österreichisch-ungarischen Truppen die so gewonnene Zeit dafür nutzen, die bis dahin ungenügenden Stellungen zu verbessern und auszubauen. Auch die alpine Ausbildung der Soldaten des Alpenkorps konnte in dieser Zeit fortgesetzt werden. Darüber hinaus wurden ebenfalls die Standschützen, von denen nur die wenigsten eine militärische Ausbildung besaßen, von den deutschen Soldaten militärisch geschult. Im Gegenzug konnten die deutschen Truppen von den gebirgsgewohnten Standschützen das richtige Verhalten im Hochgebirge erlernen. Somit bekamen die Mittelmächte in den ersten Wochen nach dem „Intervento" die Möglichkeit, ihre nachteilige Situation zumindest dahingehend zu verbessern, dass es den Italienern nun kaum mehr gelingen sollte, mit geringen Verlusten die Front zu durchbrechen. In Kraffts Kriegstagebuch finden sich bereits Ende Mai und Anfang Juni Eintragungen, in denen er immer wieder beschreibt, dass er anstelle Cadornas sofort angreifen würde, um die Schwäche der Mittelmächte auszunutzen. Am 9. Juni 1915 war sich Krafft sicher, dass die Situation an der Südwestfront unter Kontrolle sei. Er vermerkt: „Für mich ist aber gottlob die kritischste Zeit in Tirol durch die Dummheit der Italiener schmerzlos vorübergegangen, die Lage also schon mir zum Heile gewendet worden."[30]

Es ist beachtlich, dass diese Einschätzung bereits so früh erfolgte. Das Alpenkorps war noch nicht einmal einen Monat in Südtirol und hatte bis dahin keinen größeren Einsatz erhalten. Indes behielt Krafft mit seiner Beurteilung recht, denn Cadorna hatte den Überraschungsmoment und damit einen möglichen schnellen Sieg seiner Truppen verstreichen lassen. Ob das Ausbleiben eines schnellen italienischen Sieges ebenfalls auf die mangelnde Ausrüstung der italienischen Truppen zurückzuführen war, scheint unwahrscheinlich. Zu Beginn der kriegerischen Auseinandersetzungen war das italienische Heer nicht vollständig einsatzbereit. Dazu war die Ausrüstung in einem schlechten Zustand. Darüber hinaus konnten nur zwei Drittel des mobilisierten Heeres vollständig ausgerüstet werden. Es mangelte vor allem an modernen Gewehren sowie Maschinengewehren mittlerer und schwerer Artillerie, aber auch an Pistolen für Offiziere oder an einfachen Dingen wie Mänteln und Schuhen. Handgranaten schien es ebenfalls für die kämpfende Truppe nicht zu geben. Die Probleme verbesserten sich nur allmählich und konnten erst 1916 vollständig behoben werden. Der Italiener Aldo Valori kommt zu der Einschätzung:

> *„Man könnte da wohl einwenden, unter solchen Umständen hätte man erst später in den Krieg eintreten sollen, doch wäre es dann sicher auch nicht besser damit bestellt gewesen, denn unsere langsamarbeitende Maschine der Militärbureaukratie konnte nur durch die eiserne Notwendigkeit des Krieges zu jener grandiosen Leistungsfähigkeit gebracht werden, wie sie die Kriegsindustrie ein Jahr hernach [1916, Anm. d. Verf.] erreichte.“*[31]

Daher bleibt es unwahrscheinlich, dass das Scheitern der Italiener hauptsächlich durch den Materialmangel verursacht wurde.

Die ersten größeren Angriffe der Italiener erfolgten erst Ende Juni 1915. Diese blieben sehr oft erfolglos. Dennoch waren die österreichisch-ungarischen Truppen sehr bald überlastet und konnten sich selbst nicht gegenseitig ablösen. Es musste dringend Abhilfe geschaffen werden. Nachdem Generalleutnant Krafft das Kommando über die Rayone IV und V am 7. Juni 1915 erhalten hatte, war er gezwungen, sich von dem ursprünglichen Konzept zu lösen, das Alpenkorps nur als Schlagreserve zurückzuhalten. Deshalb wurde Anfang Juni 1915 damit begonnen, Einheiten des Alpenkorps – zuerst lediglich an Kompaniestärke – an vorderster Front einzuschieben. Doch bereits einen Monat später lagen so gut wie alle Kontingente des Alpenkorps an vorderster Front. Krafft betont in seinem Kriegstagebuch immer wieder, dass die deutschen Truppen an den wichtigsten Stellen der Front Verwendung fanden und vor allem die Hauptlast der Angriffe zu tragen hatten. Dieser Einschätzung kann insofern recht gegeben werden, als dass es den Tatsachen entspricht, dass deutsche Truppen an den Schwerpunkten der Front zum Einsatz kamen. Dagegen überhöhte Krafft in seiner Darstellung sehr oft die „Leistungen“ des Alpenkorps, ohne dabei auf die vorhandenen österreichisch-ungarischen Truppen einzugehen. Dazu ist mehrfach eine deutliche Antipathie gegenüber den österreichisch-ungarischen Streitkräften in Kraffts Äußerungen zu spüren, die keinen Einzelfall darstellt. Um in diesem Zusammenhang nur ein Beispiel Kraffts zu nennen:

**Ein Feldgottesdienst des Alpenkorps**

*„Im Gegensatz zu den Abmachungen liegt nun an allen gefährdeten Stellen meines Abschnittes die Verteidigung der vorderen Stellungen in deutscher Hand. […] So verstehen die Verbündeten uns überall auszunützen. Das Oberkommando kann freilich ruhiger schlafen: Wo Deutsche die Front halten, kommt kein Italiener durch!“*[32]

Im weiteren Verlauf kam es zwischen Juli und Oktober 1915 immer wieder zu größeren Gefechten, an denen ebenfalls die Soldaten des Alpenkorps beteiligt waren. Darauf soll hier nicht weiter eingegangen werden. Der befürchtete Frontdurchbruch gelang den Italienern zu keinem Zeitpunkt.

## Die Haltung der deutschen Soldaten zur Südtiroler Zivilbevölkerung, zu den Italienern und die persönlichen Wahrnehmungen der Männer während des Einsatzes in Tirol

In den Akten des Alpenkorps finden sich für die Zeit zwischen Mai und Oktober 1915 Hinweise, die belegen, dass es Probleme zwischen der Südtiroler Zivilbevölkerung und Angehörigen des Alpenkorps gab. Vor allem die Art und Weise, wie die Requirierung von Vieh, Bauholz, Transportmitteln und dergleichen durch deutsche Soldaten vonstattenging, wurde von der Zivilbevölkerung beklagt. Es schien öfters vorgekommen zu sein, dass sich Angehörige des Alpenkorps die Güter nahmen, die sie benötigten, ohne dafür zu bezahlen oder eine Quittung auszustellen. Deshalb verwiesen vor allem die k.u.k. Militärbehörden darauf, dass sich die deutschen Soldaten nicht im Feindesland befinden, sondern im Land des Verbündeten. Aufgrund mehrerer Beschwerden schrieb das k.u.k. Landesgendarmeriekommando am 8. August 1915 an das Kommando des Alpenkorps:

*„Ich berichte, dass seitens der Zivilbevölkerung des hiesigen Rayons über das Tun und Handeln des im hiesigen Ueberwachungsrayons*

**Deutsche und Österreicher posieren im Sommer 1915 für ein Foto am Bahnhof Brixen mit gefangenen Italienern.**

*stationierten deutschen Militärs allgemeine Klagen geführt werden. – Fast jeder Einwohner hat gegen das deutsche Militär Beschwerde vorzubringen. Grund dieser Klagen ist, dass das deutsche Militär die §§ 27 und 32 des Kriegsleistungsgesetzes nicht beobachtet. Der armen Bewohnerschaft werden von deutschen Soldaten, ohne etwas zu sagen, Vieh von der Weide, Bauholz aus dem Walde, Bretter, Brennholz, Heu, Transportmittel, Pferdegeschirre etz. etz. [sic!] genommen, Zäune weggerissen und Grundstücke stark beschädigt. Die Bauern müssen dann tageweise herumsuchen, bis sie ihrem*

*Gelde oder einer Quittung über die Leistung bekommen, und in vielen Fällen bekommen sie überhaupt für die Leistung gar nichts. Der Hauptfehler besteht darin, dass das Militär, obwohl der Fall nicht dringend ist, die Leistung meistens unmittelbar vom Leistungspflichtigen anspricht oder das Nötige ohne weiteres, d.h. ohne dem Bauern etwas zu sagen, selbst nimmt. Die Gemeindevorsteher wissen sich nicht zu helfen und befinden darunter auch solche, welche meinen, dass in Kriegszeiten alles gestattet ist. Das deutsche Militär ist bei der Zivilbevölkerung sonst beliebt und weiss letzteres auch ganz genau, dass die genannten Soldaten ein Jahr im Feindesland/Frankreich waren und sie dann Gesetzwidrigkeiten gewohnt sind, doch möchte das arme Volk nicht ganz um seine Habe und Gut kommen, da es sonst infolge der langen Anwesenheit des Militärs Schaden genug erleidet.“*[33]

Interessanterweise schien es für manchen deutschen Soldaten nicht selbstverständlich zu sein, sich im Land des Verbündeten angemessen zu verhalten. Insbesondere die Unterstellung, dass die Deutschen durch den Einsatz in Frankreich gewohnt waren, „Gesetzwidrigkeiten“ zu begehen, ist bemerkenswert. Indes schien die Anweisung zunächst wenig Wirkung zu haben, da im weiteren Verlauf des Einsatzes in Tirol immer wieder in Tagesbefehlen ähnliche Aufforderungen an die Soldaten des Alpenkorps ergehen, Unterkünfte zu bezahlen oder requirierte Transportmittel zurückzugeben. Zumindest ist nicht davon auszugehen, dass sich das Problem mit der Zivilbevölkerung unmittelbar nach den Beschwerden gelöst hat.

Über die Ansichten deutscher Soldaten gegenüber den italienischen geben die Akten des Alpenkorps keine Auskunft. Es lassen sich ebenfalls keine direkten Hinweise finden, dass deutsche Soldaten ihre Gegner völkerrechtswidrig behandelt haben. Dennoch kann der Aussage Günther Heberts nicht ohne Weiteres beigepflichtet werden. Er schreibt: „Ungeachtet gewisser abfälliger Urteile über die italienischen Soldaten in der deutschen Öffentlichkeit verfehlte man beim Alpenkorps zu keinem Zeitpunkt den Respekt vor dem Gegner.“[34]

Es stimmt zwar, dass sich in den Akten Aussagen finden, die von Respekt gegenüber den Italienern zeugen (etwa im Kriegstagebuch des Alpenkorps). Dagegen existiert ein Befehl über die Behandlung gefangen genommener italienischer Offiziere, der deutlich macht, dass dem Gegner nicht der von Hebert angesprochene Respekt entgegengebracht wird. Am 24. Juni 1915 erging im Korps-Tagesbefehl folgende Anordnung:

> *„Nach Artikel 4 des Haager Reglements betreffend die Gesetze und Gebräuche im Landkriege (Dienstbuch zu E-53) sind Kriegsgefangene menschenfreundlich zu behandeln. Kriegsgefangenen [sic!] Offizieren sowie Offiziersaspiranten und Gleichgestellte sollen nach Pkt. 441 D.R. II Teil ihrem Rang entsprechend behandelt werden; sie sind, soweit es die Verhältnisse gestatten, von den Mannschaften abzusondern. Wenn über diese Bestimmung hinaus den kriegsgefangenen russischen und serbischen Offizieren eine ihrer Stellung als Offiziere entsprechende Achtung und Behandlung zuteil werden kann, so liegt der Grund darin, dass Russland und Serbien stets offene Gegner waren und dass daher ihren kriegsgefangenen Offizieren die gesellschaftliche Gleichstellung nicht versagt werden kann. Anders mit Italien. Dieser Staat ist durch unsere Bundesgenossenschaft groß geworden, er ist uns als Bundesgenosse treulos in den Rücken gefallen. Mit kriegsgefangenen italienischen Offizieren muss daher genau nach den Buchstaben der Vorschrift vorgegangen werden. Ein darüber hinaus gehender gesellschaftlicher Verkehr, wie Händereichen, unnützes Sprechen, Beiziehung zu Menagen [Hinzuholen zum Essen, Anm. d. Verf.] usw. ist ausgeschlossen. Es müssen auch die einzelnen kriegsgefangenen italienischen Offiziere in der Art der gesellschaftlichen Behandlung fühlen, dass wir einen Staat, der so wie der italienische gehandelt hat, verachten und dass wir deshalb auch seine Offiziere nicht als gesellschaftlich gleich behandeln können. […]“*[35]

Anzumerken bleibt, dass russische und serbische Offiziere in den Augen des deutschen Militärs anscheinend nicht unter die Haager Landkriegsordnung fallen, sie aber dennoch respektiert werden, da sie stets „Gegner“ Deutschlands gewesen sind. Die italienischen Offiziere scheinen dagegen die Behandlung nach ihrem Rang aufgrund des „Verrates“ ihres Landes verwirkt zu haben. Sie sollten spüren, dass sie nur eine Behandlung wie die „einfachen Mannschaften“ und nicht wie Offiziere erwarten konnten.

Generalleutnant Krafft von Dellmensingen schien ebenfalls wenig Respekt den Italienern entgegenzubringen. Beispielsweise findet sich ein Befehlsentwurf für den 6. Juni 1915, der wohl nie erteilt wurde, aber dennoch eine deutliche Sprache spricht:

**Deutsche und Österreicher posieren in einem Bergdorf zusammen mit italienischen Gefangenen für ein Foto im Sommer 1915.**

Soldaten bei einer Kletterübung: Hierbei handelt es sich höchstwahrscheinlich um Männer des Jäger-Regiments Nr. 3.

*„Soldaten des Alpenkorps!*

*Ihr geht dem ersten Zusammentreffen mit dem neuen Feind entgegen. Er kommt in stattlicher Zahl. Aber wir werden diesen Feind nicht zählen, sondern wägen. Ihr geht in den Kampf mit dem heißen Zorn über schwächlichen Verrat, im einmütigen Bewusstsein Eurer gerechten, heiligen Sache, Eurer bewährten kriegerischen Erfahrung und Tüchtigkeit. Ihr trefft auf einen Feind, der, innerlich uneins, mit halbem Herzen in den Krieg gegangen ist, dem schon das schlechte Gewissen den Arm lähmen u. das Herz erbeben lassen muss, der bisher schon im Feuer sich wenig standhaft erwiesen hat.*

*Ihr werdet ihm rücksichtslos auf den Leib gehen und ihm zeigen, was deutsche Hiebe sind, so wie schon in alter Zeit Eure Vorväter dem welschen Schuft den deutschen Schrecken eingejagt haben. Ich vertraue auf Euch! Drauf!*

*K[Krafft]*
*Führer des Alpenkorps*“[36]

Über die individuelle Wahrnehmung der Männer des Alpenkorps finden sich ebenso vereinzelte Darstellungen, die gerade aus heutiger Sicht äußerst interessant für den Betrachter erscheinen. Oft handelt es sich dabei um Feldpostkarten oder Feldpostbriefe, die unmittelbar während

**Ein Mann des Bayerischen Infanterie-Leibregiments lässt seinen Blick in das Winklertal schweifen. Links ist die Pfannspitze zu sehen, davor der Rosskopf.**

„Viele Grüße aus Süd-Tirol“ eines unbekannten Soldaten des Alpenkorps, der zu den Kontingenten gehörte, die in Südtirol bis 1916 verblieben: Er trägt, obwohl kein Angehöriger des Jäger-Regiments Nr. 3, dennoch eine Wendejacke, auf der sogar noch das Schneeschuh-„S“ zu sehen ist (linker Ärmel).

der Zeit in Tirol an die Angehörigen geschrieben wurden, aber auch um Erinnerungsschriften, die erst weitaus später verfasst worden sind.

Da viele der Männer noch nie in ihrem Leben die Berge besucht hatten, sind es oftmals die überwältigenden Eindrücke der Natur des Hochgebirges, die den daheimgebliebenen Angehörigen in den Briefen und auf Feldpostkarten geschildert werden. So schreibt beispielsweise der Gefreite Brunken vom Hannoverschen Reserve-Jägerbataillon 10 am 14. Juni 1915 an eine Bekannte: „Als Gebirgstourist sende ich dir die besten Grüße. Haben schon bedeutenden Aufstieg gemacht, es geht bis in die Wolken. Oben liegt hoher Schnee, der den ganzen Sommer nicht verschwindet, sehr romantisch, nur das Craxel [sic!] fällt etwas schwer.“[37]

Zuweilen verleiten die Zeilen, die die Männer damals an ihre Angehörigen und Freunde schrieben, den heutigen Betrachter auch zu einem Schmunzeln, etwa wenn ein Soldat des Bayerischen Infanterie-Leibregimentes seinem Onkel in der Nähe von Nürnberg schreibt: „Lieber Onkel, zum Andenken sende ich ihnen eine Photographie aus dem Felde. Mir geht es soweit ganz gut ihn [sic!] dem Tirol. Die Gegend ist hier sehr bergig."[38] Wie eingangs angedeutet, war der Mann anscheinend noch nie in seinem Leben im Hochgebirge gewesen und empfand das Pustertal (in diesem war das Bayerische Infanterie-Leibregiment stationiert) wohl als äußerst bergig.

Manche Soldaten schienen in ihrer Freizeit auch auf die Jagd zu gehen. Fritz Haslmayr, seines Zeichens Fahrer im Bayerischen Jäger-Regiment Nr. 1 schreibt an einen befreundeten Forstmeister in seiner Heimat am 25. Juni 1915: „Was treiben die Rehböcke? Hier wurden schon mehrere Gamsböcke von Soldaten erlegt. Sonst geht alles ausgezeichnet. Jenseits ist wenig Schneid bemerkbar."[39] Die Bemerkung, dass „Jenseits wenig Schneid bemerkbar" sei, bezieht sich in diesem Fall auf die Italiener, die bisher noch keinen größeren Angriff unternommen hatten, sodass auch die Männer des Alpenkorps vorerst ein ruhiges Dasein führten. Etwas Ähnliches weiß auch ein Angehöriger des Bayerischen Infanterie-Leibregimentes zu berichten, als er am 29. Juli 1915 an einen Freund, der ebenfalls im Feld stand, schreibt: „Wir sind heute an der Grenze. Es regt sich bei uns garnichts [sic!]." Aber auch das Wetter ist wiederum ein Thema: „Haben fast täglich Regenwetter. Das Klima ist sehr rau, da hier noch sehr viel Schnee liegt."[40] Als das Alpenkorps Mitte Oktober 1915 aus der Gebirgsfront herausgelöst wurde, verblieben einige Artillerieverbände nebst ihren Kolonnen sowie Maschinengewehreinheiten und zwei Pionierparks vorerst noch an der Front, um den Österreichern auch weiterhin bei der Verteidigung zu helfen (darauf wird später noch genauer eingegangen). Aus dieser Zeit ist ebenfalls eine Feldpostkarte eines Soldaten überliefert. Er schreibt am 28. November 1915 an seinen Onkel, dass das Wetter äußerst ungünstig sei: „Ich bin jetzt in 2500 m Höhe, da gibt es einen ziemlichen Schnee, u. der Bart ist einem durch Eiszapfen beschwert, da es aber trocken kalt ist, so geht's noch."[41]

Aber nicht nur das Wetter und die Landschaft sind ein Thema in der Korrespondenz, die in die Heimat geschickt wird. Seltener berichten die Soldaten auch über ihren Alltag. So heißt es auf der eben genannten Karte vom 28. November weiter: „Vor acht Tagen hatte ich Gelegenheit, von sicherer Deckung aus ein [sic!] furchtbaren Kampf um einen Berg, welchen die Italiener nehmen wollten, zu beobachten, die 30,5 + 24 usw. hatten fast den ganzen Schnee abgefegt, dieser Berg hob sich damit von den anderen mit Schnee bedeckten sonderlich ab."[42] Mit 30,5 cm und 24 cm sind die Kaliber der Granaten gemeint, die von Deutschen und Österreichern verschossen wurden. Besonders der 30,5-cm-Škoda-Mörser der Österreicher war eine äußerst gefürchtete Waffe.

Sehr anschaulich berichtet ebenso der Sergeant Bernhard Wolter, er war Angehöriger der Preußischen Fußartillerie-Batterie Nr. 102, von seinen alltäglichen Aufgaben und den letzten Kämpfen am 6. August 1915 in einem längeren Brief an seine Schwester in Thorn (Westpreußen). Zu diesem Zeitpunkt war die Batterie in Bad Moos bei Sexten stationiert. Auch wenn der Brief einige grammatikalische und orthografische Fehler aufweist, ist er doch inhaltlich so interessant, um ihn nahezu in der Gänze zu zitieren (Markierungen wie im Original):

*„Mein liebes Geburtstagskind!*

*Habe nun meine Sachen soweit fertig gemacht, du wirst wohl denken, was hast du alles gearbeitet, ich will es dir aber so nebenbei schreiben, also früh morgens um 5 Uhr wird aufgestanden, dann wird gewaschen, Zähne gebürstet, und Haar geordnet, sowie Schnurrbart in Wichs geschmissen und meinen schönen Spitzbart, den ich jetzt habe auseinander gekämmt, habe mir [sic!] fotografieren lassen zur [sic!] Pferde und zu Fuß, in 14 Tagen sind dieselben fertig, werden dir dann 2 Stück zuschicken, dann um ½ 6 Uhr werden Pferde getränkt, gefüttert und geputzt. Dann wird Geschirr sauber gemacht, geputzt und poliert, dann wird der Stall in Ordnung gebracht und Stiefel geputzt, und dann geht's zum Kaffeetrinken, nun du wirst auch so sagen, wohl nur ein Stück Komisschinken, dann denkst du aber diesmal falsch, liebes Schwesterlein, wir sind hier im schönen Lande Tirol, hier kannst du für Geld alles haben,* *es heißt, wenn du genügend von dem Zeug hast, ich muss öfters nach Innichen zur Munitions-Kolonne, dann bringe ich immer mir Butter [mit], die allerdings sehr teuer ist, kostet 2 Kronen 75 Heller, nun darauf sieht man ja jetzt nicht, die Hauptsache ist ja, dass man es bekommt, dann Kuchen, Eier, Cocad [sic! Cognac, Anm. d. Verf.], Schokolade, Wurst, Schmalz zum Kartoffel braten, also hier bekommt man alles, aber wie schon gesagt sehr, sehr teuer, nun weiter nach dem Kaffeetrinken geht es mit dem Hauptmann zur Batteriestellung, dann heißt es aufpassen Deckung führen, so gut es eben geht, denn die Italiener schießen nur mit 15 cm Schrapnells 18, 21 und 28 cm Granaten, und wo diese hinschlagen, ist alles dem Boden gleichgemacht. Am 29. Juli hatten wir einen Volltreffer in der Batterie bekommen, 7 Mann schwer verwundet von einem Geschütz, war die ganze Bedienung, nun wir haben uns aber schon gerächt dafür, wir haben vor einigen Tagen ein großes Lager von den Italienern beschossen, dann bekamen wir vom österreichischen General den Befehl, wir sollten aufhören mit schießen, aber unser Hauptmann ließ nicht nach, bis alles kurz und klein war, gestern haben die Italiener 3 Sturmangriffe gemacht, dieselben haben jedenfalls nicht gedacht, dass unsere Bayern im Schützengraben lagen, haben dieselben bis an unsere Drahtverhaue rankommen lassen, und dann gab's Saures, **gib Ihm**, 4 Kompanien vernichtet, 20 Mann gefangen genommen, und dabei waren es nur 2 starke Züge von den Bayern, die Artillerie von den Italienern hat heute nachgelassen mit der Schießerei. Wir liegen hier mit den Pferden im Feuerbereich, ein Dorf hinter uns haben sie schon zerschossen. Vielleicht lassen sie uns zufrieden, jeden Moment müssen wir uns gefasst machen, dass sie uns ausräuchern, dann ist [es] auch vorbei mit uns, wer dann mit heiler Haut davon kommt, kann auch sagen, ich habe Glück gehabt. Nun will ich schließen, nochmals herzliche Gratulation zu deinem heutigen Wiegenfeste, werde [an euch] denken, wenn ihr beim Kaffeetisch gemütlich zusammen seit [sic!] und werde auch auf dein Wohl anstoßen. Nun sei herzlich gegrüßt und geküsst von deinem Bruder Bernhard.*"[43]

Der Brief bietet einen sehr guten Einblick in gewisse Teile des Tagesablaufes der Artilleristen der Preußischen Fußartillerie-Batterie 102. Aber auch andere Aspekte sind sehr interessant. So etwa, dass der Mann behauptet, man könne für Geld nahezu alle Lebensmittel kaufen, die man sich erdenken kann, scheinbar war er bisher Derartiges nicht gewohnt, zumindest nicht in dem Maße, wie er es in Südtirol zu sehen bekam. Dagegen nehmen die Berichte über Gefahren und über die Angriffe und die allgegenwärtige Todesgefahr, „wer dann mit heiler Haut davon kommt, kann auch sagen, ich habe Glück gehabt", den größten Raum des Briefes ein. Bei dem erwähnten Hauptmann, der sich sogar gegen einen österreichischen General durchgesetzt haben will, handelt es sich um den Hauptmann Carl Rose, der mit seiner Batterie

**Ein Mann der Preußischen Fußartillerie-Batterie 102 lehnt an seinem Geschütz in einer Waldstellung bei Sexten.**

wertvolle Hilfe an der Dolomitenfront leistete. Selbst Luis Trenker erwähnt ihn in seinem autobiografischen Roman „Sperrfort Rocca Alta“ (darauf wird später ebenfalls ausführlicher eingegangen). Bemerkenswert erscheint auch die recht detaillierte Schilderung über die eigenen Verwundeten und die darauf folgenden Vergeltungsmaßnahmen. Ebenso ist der vereitelte Sturmangriff der Italiener sehr interessant, da gerade einmal zwei Züge (wohl des Bayerischen Infanterie-Leibregimentes), also etwa 162 Mann einem ganzen Bataillon (4 Kompanien bilden ein Bataillon), bestehend aus rund 1000 Mann, gegenübergetreten sind, von denen nur 20 Italiener in Gefangenschaft geraten sein sollen. Die Deutschen schienen ihre Stellung sehr gut ausgebaut zu haben und behielten nicht zuletzt als Verteidiger die Oberhand. Von Verlusten sowohl auf der eigenen Seite als auch des Gegners berichtet Wolter dagegen nichts.

Abschließend sei noch erwähnt, dass es sich bei dem Dorf, das der Sergeant erwähnt, wohl um Sexten handeln könnte, da Sexten in der Zeit vom 31. Juli bis zum 1. August 1915 mehrfach von den Italienern mit Artillerie beschossen wurde.

Zusammenfassend lässt sich sagen, dass die individuellen Erfahrungen der Männer des Alpenkorps sich sehr häufig vor allem an denjenigen Ereignissen und Gegebenheiten festmachten, die für sie bisher unbekannt oder außergewöhnlich erschienen. Allerdings kann die kleine Auswahl, die hier gezeigt wurde, nur einen Abriss bilden und das Thema auch nur grob anschneiden.

## Exkurs „Edelweiß“

In Österreich-Ungarn war das „Edelweiß“-Abzeichen bereits seit 1907 das Wahrzeichen der Gebirgstruppe. Die k. k. Landwehrgebirgstruppe aus Tirol, Kärnten und Krain trug neben dem „Spielhahnstoß“ (ein aus schwarzen und weißen Federn bestehender Federbusch) an der Kappe als weiteres äußeres Zeichen ein „Edelweiß“-Abzeichen auf dem Parolis (farbige Stoffstücke am Kragen des Mantels oder der Feldbluse).

Nachdem das Alpenkorps ebenfalls ein „Edelweiß"-Abzeichen von den Verbündeten überreicht bekam, konnte sich im deutschen Heer eine Tradition herausbilden, die bis heute anhält. Zwei Gebirgsdivisionen der Wehrmacht trugen dieses Abzeichen genauso, wie es heute die Gebirgsjägertruppe der Bundeswehr noch immer trägt. Dies stellt vor dem Hintergrund der verwickelten Problematik militärischer Traditionspflege in der Bundeswehr als demokratischer Armee eine bemerkenswerte Kontinuität dar.

Als im Juni 1915 das Landesverteidigungskommando Tirol dem Kommando des Alpenkorps 20.000 „Edelweiß"-Abzeichen überreichte, sollte dies vor allem ein äußerliches Zeichen für den Zusammenhalt der kämpfenden Soldaten darstellen. Zuvor hatten bereits Generalleutnant Krafft und das Bayerische Infanterie-Leibregiment dieses Abzeichen erhalten. Allerdings war zu diesem Zeitpunkt keinem der Beteiligten klar, dass es um dieses Abzeichen Diskussionen geben würde, die bis zum Ende des Krieges andauern sollten. Wie eingangs angedeutet, trug ursprünglich nur die österreichische Landwehrgebirgstruppe das Edelweiß. Im August 1914 stiftet Erzherzog Josef Ferdinand als Kommandant des XIV. (Innsbrucker) Korps für seine in Galizien kämpfenden Truppen ein „Edelweiß"-Abzeichen, welches allerdings von dem der k. k. Landwehrgebirgstruppe abwich und eher dem Abzeichen des Deutschen und Österreichischen Alpenvereins ähnlich sah. Zu diesem Korps gehörten auch die vier Tiroler Kaiserjäger-Regimenter. Die Vorschrift sah das Tragen an der linken Kappenseite vor. Im April 1915 wurde das Tragen dieses Abzeichens auch den Sicherheitsbesatzungen von Tirol auf Kriegsdauer erlaubt. Nachdem nun die Übergabe der „Edelweiß"-Abzeichen an das Alpenkorps erfolgt war, schuf Krafft vorerst vollendete Tatsachen und erlaubte eigenmächtig das Tragen des Abzeichens. Dazu hätte er eigentlich die Genehmigung von Kaiser Wilhelm II. benötigt, allerdings stellte Krafft die erforderlichen Anträge an das Bayerische beziehungsweise das Preußische Kriegsministerium erst drei Wochen nach der Überreichung durch das Landesverteidigungskommando, um sicherzugehen, dass möglichst alle Soldaten das Abzeichen erhalten hatten. Das Bayerische Kriegsministerium schien dem

Antrag grundsätzlich positiv gegenüberzustehen. Bevor man aber eine endgültige Entscheidung treffen wollte, sollte mit dem Preußischen Kriegsministerium Rücksprache gehalten werden. In Berlin reagierte man dagegen ungehalten und verwies darauf, dass Wilhelm II. „sich wiederholt scharf gegen Eigenmächtigkeiten im Anzuge, wie sie zum Schaden der Manneszucht vielfach jetzt in Erscheinung treten, ausgesprochen [hatte]".[44] Deshalb erfolgte die Ablehnung der Anträge mit der gleichzeitigen Aufforderung, dass die Abzeichen wieder abgelegt werden, bis der Kaiser eine Entscheidung getroffen habe. Krafft setzte aus diesem Grund eine Stellungnahme auf, in der er den besonderen Charakter der Schenkung durch das Landesverteidigungskommando betonte. Er argumentierte damit, dass man dieses Geschenk nicht einfach zurückweisen könne, ohne dass dies von österreichischer Seite als

**Ein Mann des Hannoverschen Jägerbataillons 10 auf Beobachtung**

**Sanitäter des Bayerischen Infanterie-Leibregimentes bei einer Übung im Sommer 1915**

eine mutwillige Unfreundlichkeit gesehen würde, da die „Edelweiß"-Abzeichen bei den Verbündeten Österreichern sehr geachtet wurden. Unterdessen erfolgte auf dieses Schreiben keine Reaktion des Preußischen Kriegsministeriums, was wiederum bedeutete, dass die Angehörigen des Alpenkorps die „Edelweiß"-Abzeichen vorerst auch ohne die kaiserliche Genehmigung weitertrugen. In der Literatur ist ausschließlich erst für Anfang September 1915 der „edelweißantrag allerhoechst genehmigt"[45]. Hingegen findet sich in den Akten des Alpenkorps schon ein früheres Datum, an welchem dieser Antrag durch den deutschen Kaiser genehmigt wurde. Im Korps-Tagesbefehl vom 14. August 1915 heißt es unter Punkt eins:

*„Seine Majestät der Kaiser haben genehmigt, dass die Truppen des Alpenkorps als Abzeichen das Edelweiss an der Kopfbedeckung tragen. Das Edelweiss wird an jeder Kopfbedeckung über dem linken Ohr getragen. Das Anbringen an anderen Stellen (z.B. Kragenpatten) und anderer Abzeichen sowie das Tragen lebender Blumen im Dienst ist untersagt.“*[46]

Nachdem der Antrag durch den Kaiser genehmigt worden war, erteilten die Bundesfürsten für ihre jeweiligen Kontingente im Alpenkorps die Bewilligung des Abzeichens. Als das Alpenkorps im Oktober 1915 Südtirol verließ, sollte das „Edelweiß“-Abzeichen zunächst abgelegt werden. Zudem stellte sich die Frage, ob auch die Ersatzkontingente des Alpenkorps dieses Abzeichen tragen dürften. Im Bayerischen Kriegsministerium war man der Auffassung, dass es sich bei dem Edelweiß um ein Verbandsabzeichen handelte. Somit sollten also die Ersatzkontingente das Edelweiß an der Kopfbedeckung tragen. Dagegen sah man in Berlin im Edelweiß eher ein Kampfabzeichen. Folglich sollten nur diejenigen Soldaten das Abzeichen tragen dürfen, welche in Tirol gekämpft hatten. Das Preußische Kriegsministerium setzte seine Ansicht gegenüber dem Bayerischen Kriegsministerium durch, sodass das Edelweiß vorerst ein Kampfabzeichen blieb. Noch Februar 1918 versuchte der letzte „Führer des Alpenkorps“, Generalmajor Ludwig Ritter von Tutschek, das „Edelweiß“-Abzeichen auch für die Ersatzkontingente zu legitimieren. Indes erfolgte die erneute Ablehnung dieses Antrages durch die beiden Kriegsministerien. Somit blieb das „Edelweiß“-Abzeichen faktisch bis zum Ende des Krieges ein Kampfabzeichen. Dennoch ist es sehr wahrscheinlich, dass sich viele Angehörige des Alpenkorps und selbst anderer Verbände nicht an diese Verordnung gehalten haben. Heutzutage tauchen vermehrt zeitgenössische Fotografien auf, die auch Männer des Württembergischen Gebirgsbataillons mit einem „Edelweiß“-Abzeichen an ihrer Kopfbe deckung zeigen, obwohl weder dieses Bataillon noch seine Vorgänger im Verband des Alpenkorps während des Einsatzes in Tirol gekämpft haben.

## Schwierigkeiten und Probleme im Gebirge

Speziell im Hochgebirge an der Dolomitenfront wurde schnell deutlich, dass das Alpenkorps noch keine ausgereifte Gebirgstruppe war. Vor allem in den ersten Monaten galt es, zahlreiche Probleme zu lösen. Nicht nur die fehlende Ausbildung machte sich bemerkbar, sondern auch die persönliche Ausrüstung der Soldaten war alles andere als gebirgstauglich. Besonderen Aufschluss über die Missstände geben die wöchentlichen Erfahrungsberichte, welche das Kommando des Alpenkorps bei den einzelnen Einheiten in Auftrag gegeben hatte, um so möglichst schnell die Probleme zu beheben. Die häufigsten Beschwerden finden sich über das schlechte Schuhwerk, welches bezeichnenderweise in Norddeutschland gefertigt wurde. Wobei das Alpenkorps von vornherein mit nur 10.000 Paar Bergstiefeln und 10.000 Bergstöcken (bei zirka 26.000 Mann!) äußerst unterversorgt war.

Beispielsweise meldet die Gebirgs-Maschinengewehrabteilung 201 am 19. Juni 1915: „Die gelieferten Schnürschuhe sind für das Gebirge nicht geeignet, weil sie: 1. wasserdurchlässig sind und sich im Schnee und für den Winter gar nicht eignen werden; 2. an der Stiefelspitze keine Kappen haben, wodurch Wundlaufen beim Abstieg entsteht; 3. mit zu dünnen Sohlen versehen sind, so dass die Nägel nicht halten und täglich nachgeschlagen werden müssen."[47] Ähnliches weiß auch die Gebirgs-Maschinengewehrabteilung 204 einen Tag zuvor zu melden: „Die gelieferten Bergschnürschuhe sind zu leicht gearbeitet, ein Austausch gegen wasserdichte, schwerere Bergschuhe mit guter Benagelung wäre erwünscht."[48] Auch die Frage, welche Kopfbedeckung für den Einsatz im Gebirge am tauglichsten erschien, wurde kontrovers in den wöchentlichen Berichten diskutiert. Das Bayerische Infanterie-Leibregiment meldet am 16. Juni 1915: „An der Feldmütze, auch wenn sie mit einem Schirm versehen wird, bleibt nachteilig, daß der Luftraum gering ist u. daß die Mütze sich bei Regen voll Wasser saugt."[49] Ferner meldet die Bayerische Jäger-Brigade Nr. 1 am 26. Juni: „Weder Helme noch Tschakos noch Mützen sind für den Gebirgskrieg geeignet, am besten würden sich Filzhüte nach Art der italienischen Alpini eignen."[50]

Die nötige Verbesserung der Ausrüstung vollzog sich erst, als das Kriegsbekleidungsamt Bayerisches I. Armeekorps und die Feldzeugmeisterei in München ab August 1915 alle Einheiten des Alpenkorps ausstatteten.

Die Versorgungslage mit Lebensmitteln für die Truppe schien anfänglich ebenfalls nicht überall befriedigend zu sein. Oft kam das Essen nur noch kalt in den Höhenstellungen bei den Soldaten an. Heyl berichtet zwar, dass die Verpflegung „an sich reichlich"[51] war, allerdings trifft dies scheinbar nicht für alle Einheiten des Alpenkorps zu, auch wenn nicht pauschal behauptet werden kann, dass die Versorgung grundsätzlich überall mangelhaft gewesen ist. Der Bericht des Jäger-Regiments Nr. 2 vom 16. Juni 1915 verdeutlicht dies (Markierungen wie im Original):

> *„Für die* **Mannschaften** *bestehen dieselben Zustände, man kann es offen aussprechen, dass die Mannschaften* **nicht satt** *werden. Die Verpflegung ist ganz unzureichend, es fehlt vor allem an Zutaten, Fetten, Mehl, Gemüse, ebenso wie bei den Offizieren. Das* **Brot** *ist einige Male* **schimmlig** *gewesen. Es müssen bei dem anstrengenden Dienst* **Frühstücks- und Abendportionen** *in Speck, Wurst, Käse* **zugeliefert** *werden."*[52]

Daneben mussten sich die Männer erst an die neuen Verhältnisse im Gebirge gewöhnen. Viele Angehörige des Alpenkorps waren das erste Mal in ihrem Leben im Hochgebirge und hatten nie zuvor die Berge gesehen. Selbst die Männer, welche bereits in den Vogesen erste Erfahrungen sammeln konnten und oftmals vor dem Krieg Klettern und Skilauf als Sport betrieben hatten, zumeist Angehörige des Jäger-Regiments Nr. 3 (Schneeschuhtruppen), mussten nun vielfach einsehen, dass ihr sportliches Können allein nicht ausreichte, um der italienischen Gebirgstruppe, den Alpini, entgegenzutreten. Durch die fehlende Ausbildung, aber auch durch Unerfahrenheit kam es des Öfteren zu Unfällen, die nicht selten tödlich endeten. Sehr anschaulich verdeutlicht dies, der bereits weiter oben zitierte Bericht des Oberleutnants Denzel vom Jäger-Regiment Nr. 3, der mit einer Patrouille 79 Stunden in den Tofanen unterwegs gewesen war. Über die Ersatzmannschaften, die ihm für die ausgefallenen Männer seiner Patrouille geschickt wurden, schreibt er in seinem Bericht:

> *„Abends trafen vom 2. Bataillon 30 Mann Ersatz ein. Es waren meist Schlesier und Ostpreußen, die, ehe sie nach Südtirol gekommen, noch nie einen Berg gesehen hatten.*
> *Am 6. 8. trafen weitere 30 Mann 2. Batl. ein; auch diese waren wie die ersten alpin sehr mangelhaft ausgerüstet. Ohne Eispickel, ohne Steigeisen, ohne Kletterschuhe, ohne Mantel, mehrere ohne Rucksäcke. Die Folgen sollten sich gar bald zeigen. Viele mussten schon im untersten Teil des Aufstieges zur T.[ofana], der über 270 Eisenstifte führt, umkehren, wodurch jedes Mal Schwächung der Patroullie eintrat. [...] Die körperliche Widerstandsfähigkeit dieser Ersatzmannschaften war eine sehr geringe.“*[53]

Demnach war es keinesfalls so, dass das Alpenkorps zu Beginn seines Einsatzes in Südtirol hervorragend ausgebildet und auch nicht über die Maßen ausgerüstet war. Generalleutnant Krafft war unterdessen wohl anderer Meinung, er schrieb unter den Bericht mit Bleistift:

> *„Ich habe den Eindruck, das hier die Kritik viel stärker entwickelt ist, als d. ernste Wille u. die Widerstandskraft [...] d. Aufgabe zu besiegen. Der Bericht macht einen sehr ungünstigen Eindruck – Überhebung u. Neigung, Anderen die eigene Schuld zuzuschieben, kennzeichnen ihn. Er verdient eine entsprechende Zurückweisung. Ich möchte über die Sache doch auch einen Bericht des 1. Bay. Jg, Batts. haben, da wird sich wahrscheinlich Manches in andrem Lichte zeigen.“*[54]

Aus diesen Zeilen lässt sich leicht der Eindruck gewinnen, dass Krafft selbst die Situation verkannte, da sich solch ein Kommentar nur zu leicht im Hotel „Elephant“ in Brixen (dort war der Stab des Alpenkorps untergebracht) fernab der Front verfassen ließ. Die Tatsachen entsprechen diesem Bild allerdings nicht ganz. Um seine Autorität zu untermauern, aber auch um Präsenz zu zeigen, erschien Krafft sehr oft im rückwärtigen Gebiet, aber auch in den vordersten Stellungen der Front, um sich selbst ein Bild von der Lage und seinen Truppen zu machen. Darüber hinaus schien Krafft von seinen Untergebenen dieselbe energische Herangehensweise und Lösung von Problemen zu fordern, die er selbst an den Tag legte. Demnach gab es anscheinend keine Aufgabe, die nicht in irgendeiner Form zu lösen wäre. Somit hatte Krafft wohl den Eindruck, dass Oberleutnant Denzel seinem Auftrag nur unzureichend nachgekommen war.

**Übung des 1. Bayerischen Jägerbataillons auf dem Grünten (Allgäu) im September 1915.**

Max Reichel bei seinem Ausmarsch nach Tirol im August 1915: Er ging direkt von der Schneeschuh-Ersatzabteilung in Immenstadt zum Alpenkorps. Sehr interessant ist die umfangreiche Ausrüstung, die er für den Einsatz in Tirol erhalten hat.

Wie bereits angedeutet, erhielten die Einheiten des Alpenkorps ihre eigentliche Gebirgsausbildung erst während des Einsatzes in Tirol. Dies geschah unter der Mithilfe des österreichisch-ungarischen Verbündeten. Besonders den Infanterieeinheiten des Alpenkorps wurden alpine Referenten und eigene Bergführer zur Verfügung gestellt. Aber auch von den gebirgsgewohnten Standschützen, mit denen die Männer des Alpenkorps Seite an Seite kämpften, konnten wichtige Erfahrungen gesammelt werden. Ebenso wurde schon bald eine erste Art Gebirgstaktik entwickelt, die es vornehmlich zum Ziel hatte, „die Gewöhnung der bergungewohnten Soldaten an die neue Umgebung mit ihren natürlichen Gefahren des Gebirges, die alpin-technische Ausbildung, den Umgang mit Karte und Kompaß und die Anfertigung von Skizzen, die für die militärische Führung von großer Bedeutung bei der Entscheidungsfindung waren“[55], voranzutreiben.

Um die genannten Probleme in den Griff zu bekommen, ging man später daran, für die Ersatzkontingente spezielle Depots zu errichten, in denen sich die Männer an das Gebirge gewöhnen konnten. Aber auch für die Ausbildung der Ersatzkontingente wurde gesorgt. Durch die Erfahrungen, die während des Einsatzes in Tirol gewonnen werden konnten, war bereits im September 1915 eine Ersatz-Gebirgspatrouillen-Kompanie in Kiefersfelden aufgestellt worden, in der der Ersatz seine Gebirgsausbildung erhielt. Es folgte Anfang 1916 die Aufstellung eines Gebirgspatrouillen-Kommandos in der Nähe von Oberstdorf. Die Erweiterung der Schneeschuhersatzabteilung zu einem Gebirgsinfanterie-Ersatzbataillon geschah im Mai 1916. Im selben Jahr erfolgte die Einrichtung einer Gebirgsartillerie-Schießschule in Sonthofen. Für die Ausbildung des Tragtierersatzes wurde in Miesbach eine Tragtierkolonnen-Ersatzabteilung aufgestellt.

Erst durch die gewonnenen Erfahrungen konnten sich die Charakterzüge einer vollwertigen Gebirgstruppe beim Alpenkorps herausbilden. Krafft spricht davon, dass das Alpenkorps eine wichtige Lehrzeit während des Einsatzes in Tirol absolviert hatte und erst dadurch zu einer wirklichen Gebirgstruppe geworden war.

## Exkurs „deutsch-österreichische Waffenbrüderschaft“

Diese Analyse schildert in groben Zügen, was vor allem in der zeitgenössischen Literatur unter dem Begriff „deutsch-österreichische Waffenbrüderschaft“ zu verstehen ist. Zeitlich und geografisch beschränkt sich der Exkurs nur auf den Einsatz in Tirol. Exemplarisch wird diese „Waffenbrüderschaft“ am Beispiel der Vorarlberger und Tiroler Standschützen verdeutlicht. Diese sind daher erwähnenswert, weil sie innerhalb des österreichisch-ungarischen Militärs als Milizeinheit eine Ausnahme darstellen. Darüber hinaus waren es neben anderen Einheiten hauptsächlich die Standschützen, mit denen die Soldaten des Alpenkorps an der Südwestfront kämpften. Gleichermaßen soll die Sichtweise des Generalleutnants Konrad Krafft von Dellmensingen

**Drei Oberjäger der k. k. Landesschützen sind unterwegs zu einem Jagdausflug.**

über die verbündeten Österreicher dargestellt und erläutert werden. Es wird sich zeigen, dass Krafft sehr oft negativ über die Österreicher schrieb. Allerdings nur in seinen privaten Aufzeichnungen und seiner privaten Korrespondenz. Diese Gegenüberstellung soll als Kontrast zu dem dienen, was in der zeitgenössischen Literatur, aber auch in den Akten des Alpenkorps zu finden ist. Offiziell unterhielten die Verbündeten Deutschland und Österreich-Ungarn ein sehr gutes Verhältnis, trotz des Umstandes, dass vor allem von deutscher Seite immer wieder unterschwellige Kritik am Bündnispartner geübt wurde.

Der Begriff „deutsch-österreichische Waffenbrüderschaft" bezieht sich im Frühjahr 1915 vornehmlich auf die Waffenhilfe, welche Deutschland in Form des Alpenkorps an der bedrohten Gebirgsfront leistete, und auf die Kameradschaft zwischen den verbündeten Soldaten. Etwas

Derartiges gab es seit Ausbruch des Krieges auch in Galizien, da dort die Verbündeten zusammen gegen die Russen kämpften.

In Südtirol kämpften nun Deutsche und Österreicher ebenfalls gemeinsam gegen die Italiener. Aus diesem gemeinsamen Kampf erwuchs eine Kameradschaft, welche nach dem Krieg oft als sehr gut, freundschaftlich und „besonders“ zitiert wurde. Darin lag ebenfalls etwas Außergewöhnliches, weil zum ersten Mal Bayern und Tiroler gemeinsam das Land Tirol verteidigten. Dies ist deswegen bemerkenswert, weil das Verhältnis zwischen Bayern und Tirol über sehr lange Zeit äußert schlecht war. Bayerische Truppen hatten Tirol im Verlauf der Geschichte mehrfach besetzt.

Häufig wird die Kameradschaft in einer sehr pathetischen und überbetonenden Art und Weise geschildert. Hans Trutter schreibt aus der Sicht eines Deutschen darüber:

> *„Die biedere Freundlichkeit und Herzlichkeit, die viele von uns bei den Gebirgstouren wohltuend empfunden, die wohnt weiter unter ihnen [den Standschützen, Anm. d. Verf.]. Mit einer Freundschaft, einer Verehrung sind sie speziell uns Deutschen entgegen gekommen, die ihnen nicht genug gedankt werden kann. Wie überhaupt alle österreichischen Soldaten in jeder Beziehung bestrebt sind, ihre Verbündeten zu fördern, ihnen einen Dienst zu erweisen. Sie sind die personifizierte Kameradschaft, alles entspringt einem ihnen angeborenen Zusammengehörigkeitsgefühl, wohl auch ihrer besonders liebenswürdigen Volksseele.“*[56]

Trutter lobt die verbündeten österreichischen Truppen ausdrücklich für ihre Treue und Kameradschaft („personifizierte Kameradschaft“) zu den deutschen Truppen. Eine ähnliche Einschätzung zieht Generalleutnant Krafft von Dellmensingen in einer „offiziellen“ Darstellung. In der Einleitung zu Gunther Langes' Buch „Die Front in Fels und Eis“ schreibt er:

> *„Bald verband die Kämpfer beider Heere die innigste aus der Notgemeinschaft geborene Kameradschaft, aus der jeder dem anderen*

**„Deutsch-österreichische Waffenbrüderschaft" – Deutsche Soldaten posieren mit einem österreichisch-ungarischen Gefreiten. Die Männer im Hintergrund links und rechts gehören zum Bayerischen Infanterie-Leibregiment. Das Foto wurde mit aller Wahrscheinlichkeit 1915 in Tirol aufgenommen.**

*viel zu geben hatte: der Österreicher dem Deutschen seine langjährige alpine Erfahrung und Organisation für den Gebirgskrieg, der Deutsche dem Österreicher seine kriegerische Zuversicht, seine Kampferfahrung und umsichtige Ordnung der gesamten Führung und aller Einrichtungen zur Erhaltung der Schlagfertigkeit.*"[57]

Nicht weniger pathetisch als Trutter betont Krafft vor allem die Eigenschaften der Deutschen, da diese scheinbar allein die „Schlagfertigkeit" aufrechterhielten. In dieser Schilderung spricht Krafft mit keinem Wort negativ über die verbündeten Truppen.

Beide Autoren zeichnen ein äußerst positives Bild der Kameradschaft zwischen Deutschen und Österreichern. Aber auch österreichische Kriegsteilnehmer berichten über ähnliche Erlebnisse. So schreibt Anton von Mörl, Offizier in einem Standschützenbataillon im Ersten

Weltkrieg, über das Verhältnis zwischen Standschützen und Angehörigen des Bayerischen Infanterie-Leibregiments: „Besonders mit den biederen Leibern entwickelte sich ein direkt herzlich-kameradschaftliches Verhalten. Die braven Leiber teilten ihre Liebesgaben mit den in dieser Hinsicht viel schlechter gestellten Leuten unseres Bataillons."[58]

Guido Burtscher, selbst Oberleutnant d. R. und Kommandant der Österreichischen Hochgebirgskompanie 14, weiß über ein ähnliches „herzliches" Verhältnis zwischen deutschen und österreichischen Soldaten zu berichten.

Allen voran die Standschützen fühlten sich von den deutschen Soldaten und Offizieren als gleichwertig akzeptiert. Von Mörl berichtet in diesem Zusammenhang über eine Besprechung zwischen Standschützenoffizieren und Offizieren des Alpenkorps: „Gehobenen Gefühls verließen wir die Besprechung. Wir Standschützen waren zum ersten Mal behandelt worden wie jede andere Truppe, was bisher bei unseren österreichischen Kameraden oft nicht der Fall gewesen war."[59] Die eigene Truppe brachte den Standschützen oft nur Verachtung und Arroganz entgegen. Ein Grund für die geringe Akzeptanz lag darin, dass die Standschützen nur eine Milizeinheit bildeten, die meist keine oder nur eine geringe militärische Ausbildung besaßen. Einen weiteren, viel entscheidenderen Punkt spielten allerdings die Offiziere der Standschützen. Die Standschützen wählten nach altem Recht ihre Offiziere selbst. Darin lag die Besonderheit im österreichisch-ungarischen Heer, da sich dieses demokratische Element zu der damaligen Zeit nirgendwo anders fand. Gerade in einer Zeit, in welcher der Offiziersstand insbesondere im deutschen und österreichisch-ungarischen Heer sehr hoch angesehen war, bildete dieses Privileg eine einzigartige Ausnahme. Daher waren es speziell die Reserve- und die aktiven Offiziere der österreichisch-ungarischen Armee, die keinen Grund sahen, die Standschützenoffiziere als gleichwertige Kollegen anzusehen. Christoph von Hartungen drückt dies noch drastischer aus:

> *„Nicht nur, daß diese ganz unmilitärischen Individuen in wenigen Tagen die Karriere machten, für die sie [die „regulären" Offiziere,*

*Anm. d. Verf.] Jahre gebraucht hatten; in Wirklichkeit wurde sogar ihre eigene berufliche Qualifikation in Frage gestellt: Diese neuen Kollegen sollten zu denselben Dingen befähigt sein, wofür sie eine jahrelange harte Offiziersausbildung durchlaufen mußten. Für viele von ihnen war damit all das obsolet geworden, wofür sie Jahre ihres Lebens und viele Entbehrungen menschlicher, wirtschaftlicher und sozialer Natur eingebracht hatten."*[60]

Somit lassen sich wohl die gute Kameradschaft und die positiven Worte über die deutschen Truppen damit erklären, dass deutsche Offiziere den Standschützenoffizieren weitaus weniger negativ begegneten und sie sogar als gleichwertig ansahen.

Die Akten des Alpenkorps geben dagegen nur geringen Aufschluss über die Kameradschaft zwischen deutschen und österreichisch-ungarischen Soldaten. Für den Zeitraum von Mai bis Oktober 1915 lässt sich aufseiten des Alpenkorps nur ein einziger Fall nachweisen, bei dem die verbündeten Österreicher durch einen deutschen Offizier beleidigt wurden. Ein Oberleutnant des Jäger-Regiments Nr. 1 machte in Anwesenheit zweier österreichischer Kadetten die Bemerkung, dass die „sauwindigen Österreicher" sich bei der Räumung Cortina d'Ampezzos einfach kampflos zurückgezogen hätten. Als Strafe erhielt er zwei Tage Stubenarrest.

Wie zuvor angedeutet, verhält es sich bei den privaten Aufzeichnungen Kraffts etwas anders. Offiziell berichtete er an keiner Stelle negativ über die verbündeten Österreicher. Dagegen finden sich in seinem Kriegstagebuch, aber auch in Briefen an seine Frau mehrfach negative und häufig sehr abfällige Äußerungen über die Österreicher. Krafft betont oft die Überlegenheit der deutschen Truppen gegenüber den Österreichern. Nach der Besichtigung einer Maschinengewehrabteilung, die extra und aus freien Stücken für ihren Hauptmann ein schönes Zimmer gebaut und eingerichtet hatte, vermerkt Krafft in seinem Tagebuch: „Im Krieg kann eine Truppe einfach alles machen, da sie in ihren Reihen alle Intelligenz, alles handwerkliche, künstlerische und wissenschaftliche Können vereinigt. Man erkennt hieraus aber

**Deutsche und Österreicher posieren mit Krankenschwestern vor einem Lazarett in Südtirol.**

auch den überlegenen Kulturzustand unseres Volkes; schon wenn man die Leistungen der Österreicher, geschweige denn die anderen, damit vergleicht."[61] Die „Minderwertigkeit" der Österreicher wird vor allem in Briefen an seine Frau zur Standardphrase. Krafft kritisiert daneben nicht nur die österreichischen Truppen, sondern auch deren Offiziere. Über die Standschützen schreibt Krafft beispielsweise in einem Brief an seine Frau: „Die Österreicher haben hier in Tirol leider fast nur minderwertige Truppen [...], lauter Leute, die den Höhepunkt ihrer Kraft längst überschritten haben u. lieber bei Muttern zu Hause säßen."[62] Für den Generalstabschef des Landesverteidigungskommandos, Feldmarschallleutnant Pichler, hat Krafft ebenfalls nur Hohn übrig: „Das k.u.k.

Oberkommando versucht aber uns ganz in die Tasche zu stecken und über die deutschen Führer hinweg zu gehen. Besonders tritt das bei dem Stabschef, General Pichler, hervor, der ein schwarzgelber Fanatiker ist und uns nach den Gepflogenheiten seiner eigenen Armee zu behandeln versucht. Er muss merken, dass es mit uns nicht so umspringen kann."[63] Da die Kritik nie an die Öffentlichkeit gelangte, war es erst Thomas Müller, der in seiner Krafft-Biografie die Aufzeichnungen und Briefe Kraffts wissenschaftlich auswertete. Zwar hatte Guido Burtscher bereits in seinen 1935 und 1939 erschienenen Werken „Die Kämpfe in den Felsen der Tofana. Geschichte der von Mai 1915 bis November 1918 heißumstrittenen Kampfabschnitte Travenanzes und Lagazuoi" und „Das deutsche Alpenkorps unter der Führung des Generals Konrad Krafft von Dellmensingen" Tagebuchaufzeichnungen Kraffts verwendet, wie Müller aber nachweisen konnte, hatte Krafft diese nach dem Krieg extra ausgewählt, bearbeitet und für die Veröffentlichung bestimmt. Dies geschah wahrscheinlich auch aus der Intention heraus, die „Taten" des Alpenkorps in den Vordergrund zu heben und die „deutsch-österreichische Waffenbrüderschaft" zu betonen. Daher ist davon auszugehen, dass Krafft nur die Stellen zur Verfügung stellte, in welchen nichts Negatives über die einstigen Verbündeten berichtet wird und welche vorteilhaft für das Alpenkorps verwendet werden konnten. Dennoch äußerte sich Krafft scheinbar nie offen gegenüber einem Österreicher. Daher lässt sich die große Achtung und Beliebtheit erklären, welche Krafft beim Abschied aus Tirol vonseiten des Landesverteidigungskommandos entgegengebracht wurde und die noch nach dem Krieg in zahlreichen zeitgenössischen Büchern zu finden war. Bei Burtscher heißt es etwa: „Trotz seiner Selbsttätigkeit und trotz gelegentlicher Meinungsverschiedenheiten mit anderen Kommandos hinterließ Generalleutnant v. Krafft, als er Mitte Oktober [1915] schied, in Tirol allseits größte Achtung; hohe Führer rühmten sein klares Urteil, seinen Scharfblick; den unteren Führern und Mannschaften hatte das häufige Erscheinen in der Front, furchtloses Vorgehen im Feuer, die große Kriegserfahrung, die gesamte straffe Organisation Achtung eingeflößt."[64]

Ein „Schneeschuhler“ des Alpenkorps lässt sich in Fontanazzo im Fassatal fotografieren. Neben dem Eispickel den er als Wanderstock benutzt ist zudem der Hirschfänger interessant, den sich der Mann in die rechte Wickelgamasche gesteckt hat.

Zusammenfassend bleibt zu bemerken, dass sich in den meisten Darstellungen über den Krieg in den Alpen fast ausschließlich positive Aussagen über die „deutsch-österreichische Waffenbrüderschaft“ finden lassen. Diese wurden hingegen sehr oft überhöht und mit einem verklärten Blick auf die Vergangenheit in pathetischem Ton verfasst. Die negativen Äußerungen Kraffts wurden dagegen erst wesentlich später zugänglich und veröffentlicht. Somit hatten diese keinen Einfluss auf die Literatur über den Gebirgskrieg von 1915 bis 1917 in der Zwischenkriegszeit. Zudem trugen diese Darstellungen dazu bei, die militärische Unterlegenheit Österreich-Ungarns und die daraus für Deutschland entstandenen Probleme zu kaschieren und zu relativieren.

# Abschied aus Südtirol. Oktober 1915

## Die Ablösung des Alpenkorps in Südtirol

Der Abschnitt fasst die letzten Tage des Alpenkorps in Südtirol sowie dessen Ablöse zusammen. Nach nur vier Monaten an der Gebirgsfront wurden die Einheiten des Alpenkorps durch nun frei gewordene österreichisch-ungarische Verbände abgelöst. Zuerst erfolgte der Transport an die Westfront. Kurz nach der Ankunft in Frankreich stand bereits ein neuer Konflikt auf dem Balkan bevor. Mit Bedauern verließen die Angehörigen des Alpenkorps den Kriegsschauplatz im Hochgebirge. Die verbündeten Österreicher beklagten gleichermaßen die Versetzung des Alpenkorps, da sie nun allein gegen Italien kämpfen mussten. Deutsche Truppen sollten erst 1917 im Zuge der 12. Isonzoschlacht wieder gemeinsam mit Österreich-Ungarn gegen Italien kämpfen.

Ende Juli 1915 ging man auf deutscher Seite davon aus, dass das Alpenkorps den kommenden Winter in Südtirol verbringen werde. Daher wurden schon winterfeste Unterkünfte gebaut, Winterbekleidung wurde angefordert und der Bau von Seilbahnen weiter vorangetrieben. Im September wurden erste Skikurse für die Einheiten des Alpenkorps abgehalten. Die Wintervorbereitungen waren in vollem Gange. Dies war nötig, weil der Winter bereits Ende September, Anfang Oktober heftig eingesetzt hatte. In den Höhenstellungen war bereits mehr als ein halber Meter Schnee gefallen.

Mitte September bis Mitte Oktober 1915 griffen starke französische und britische Kräfte die Deutschen an der Somme an. General von Falkenhayn verwies erneut darauf, dass die Front im Südwesten seiner Meinung nach nicht die wichtigste war. Daher schrieb er Anfang Oktober an Krafft, dass es nun Zeit wäre, deutsche Kräfte aus der Gebirgsfront herauszulösen, um diese an der Westfront einzusetzen. Zudem seien die verbündeten Österreicher selbst in der Lage, die

Front gegen die Italiener zu halten, da der Feind angeblich Kräfte von dieser abgezogen habe. Darüber hinaus war sich Falkenhayn sicher, dass die Kampfkraft des Alpenkorps im Winter eher gering sein würde. Somit wäre es sinnlos, wenn ein starker Verband wie das Alpenkorps wahrscheinlich tatenlos den Winter in Südtirol verbringen würde. Krafft antwortete darauf, dass ihm zwar nicht bekannt sei, dass die Italiener Kräfte von der Front abgezogen hätten, er aber genauso der Meinung war, das Alpenkorps an einer anderen Stelle zu verwenden. Des Weiteren war er der Überzeugung, dass Österreich-Ungarn die

**„Am 18.9.1915 erhielten wir in umstehende Stellung einen Volltreffer, der vorne neben dem Rohr in den Stand flog, einen Österreicher tötete + 3 Mann von uns verwundete. Der Hals des Musikinstrumentes, vorn links, ist durch ein Sprengstück, daß unsere Decke durchschlug, abgerissen worden." – Das Bild wird erst durch diese Angaben auf der Rückseite lebendig. Es zeigt ebenfalls Männer der Preußischen Fußartillerie-Batterie 102.**

Front allein verteidigen konnte. Jedoch hielt er es für ratsam, den Österreichern einen Teil der Artillerie des Alpenkorps noch für eine gewisse Zeit zur Verfügung zu stellen. Anders als Falkenhayn erkannte Krafft den sich anbahnenden Feldzug auf dem Balkan und war der Meinung, das Alpenkorps sollte besser in Serbien eingesetzt werden. Kurz nachdem das Alpenkorps in Frankreich eingetroffen war, erreichte es schon der Abmarschbefehl nach Serbien. Krafft resümiert über seine Zeit in Südtirol (Markierungen wie im Original):

> *„Für mich ist diese kurze Episode als selbständiger Korpsführer und Oberführer der Deutschen in Tirol zu Ende. Sie hatte jetzt ihren Zweck verloren. Die Truppen des Alpenkorps finden anderwärts leicht eine würdigere Aufgabe als die starre Defensive. Als* **Lehrzeit** *war aber die Zeit in Tirol sehr wertvoll. Jetzt ist das Alpenkorps erst eine im Gebirge richtig brauchbare Truppe (Wiederausstattung mit Tieren vorausgesetzt). Ich selbst werde mich gern mit der bescheidenen Aufgabe eines eingerahmten Divisionsführers abfinden, wenn ich an so wichtigen Ereignissen teilnehmen kann.“*[65]

Die Einheiten des Alpenkorps wurden zwischen dem 10. und 15. Oktober unter anderem durch die vier (1.–4.) Tiroler Kaiserjägerregimenter abgelöst, welche von Galizien abgezogen werden konnten, um selbst ihre engere Heimat zu verteidigen. Allerdings sahen die österreichischen Verbündeten mit Bedauern den Abzug des Alpenkorps. Ebenso verließen die Angehörigen des Alpenkorps Südtirol ungern. Die Deutschen hinterließen den Österreichern eine in allem verbesserte und sehr gut ausgebaute Frontlinie. Zudem verblieben die Preußische Fußartillerie-Batterie 102 und die Garde-Fußartillerie-Batterie 104 vorerst an der Dolomitenfront mit den dazugehörigen Kolonnen und mehreren Maschinengewehrabteilungen sowie zwei Pionierpark-Kompanien, um die Österreicher weiterhin zu unterstützen.

Das Herauslösen der deutschen Verbände brachte allerdings die Wintervorbereitungen stark in Verzögerung. Dagegen fehlte es der österreichisch-ungarischen Generalität nicht an lobenden Worten über das Alpenkorps und dessen wirkungsvollen Einsatz. Bereits am 10. Oktober schrieb Feldmarschalleutnant Goiginger an Krafft:

> *„Eure Exzellenz!*
>
> *Beiliegenden Befehl habe ich anlässlich des Scheidens der mir unterstellten deutschen Truppen ausgegeben. Eurer Exzellenz kann ich nur versichern, dass ich mit größtem Bedauern die tapferen, kampferprobten deutschen Truppen unter der Führung Eurer Exzellenz aus dem Subrayon V. scheiden sehe. Ich bitte Eure Exzellenz namens aller k.u.k. Offiziere und Truppen unseren gehorsamsten uns aufrichtigsten Dank für die tatkräftige Führung und umsichtige Fürsorge, womit Eure Exzellenz die Geschicke des Subrayons V. geleitet haben, mit der Versicherung entgegennehmen zu wollen, dass die Geschichte der Landesverteidigung Tirols den Angehörigen des deutschen Alpenkorps und ihrem hervorragenden Führer ein ehrenvolles, dankbares und unvergängliches Andenken für alle Zeiten bewahren wird [...].“*[66]

Wenig später, am 16. Oktober 1915, schrieb auch der österreichische General Rohr in einem ähnlichen Stil wie Goiginger an Krafft:

> *„Eure Exzellenz!*
>
> *Für die mir und meinen braven Kärntner Landesverteidigern zugerufenen Abschiedsgrüße bitte ich Eure Exzellenz, meinen herzlichen Dank entgegen zu nehmen. Die Waffenbrüderschaft, mit der wir Verrat und Treubruch erfolgreich bekämpften, bleibt uns unvergesslich und bürgt für das innige Gedenken, das wir dem ‚Alpenkorps‘ bewahren. Auf allen Wegen sei ihm Kriegsglück beschieden! Heil und Sieg!“*[67]

Als Zeichen der gegenseitigen Wertschätzung wurden schließlich sowohl deutsche Soldaten mit österreichisch-ungarischen Orden deko-

Die Kraftwagenkolonne 2 des Alpenkorps mit ihrem Fuhrpark in Vahrn bei Brixen.

riert als auch österreichische Soldaten mit deutschen Orden. So erhielt Krafft beispielsweise zum Abschied von Kaiser Franz Joseph den Orden der Eisernen Krone erster Klasse verliehen. Gleichermaßen konnten österreichisch-ungarische Mannschaften und Unteroffiziere, die sich durch besondere Tapferkeit ausgezeichnet hatten, für die preußische Krieger-Verdienstmedaille vorgeschlagen werden.

Über den Einsatz des Alpenkorps kann resümierend gesagt werden, dass in den knapp vier Monaten, in denen die deutschen Truppen in Südtirol eingesetzt wurden, aus den vielfältigen Kontingenten des Alpenkorps eine erste vollwertige Gebirgstruppe entstehen konnte. Die Probleme, die sich besonders im Sommer 1915 ergaben, konnten noch nicht vollständig, aber weitestgehend behoben werden. Die Ausbildung der Männer wurde vorangetrieben, und für die nötigen Ersatzkontingente konnten Maßnahmen getroffen werden. Der Einsatz in Tirol lieferte die Grundlage – sowohl in der Ausbildung der Männer als auch in der Verbesserung der Ausrüstung – für die weiteren Einsätze des Alpenkorps während des Ersten Weltkrieges. Außerdem vollzog sich der Einsatz des Alpenkorps in Südtirol unter relativ ruhigen Verhältnissen. Daher kostete es nicht so viele Verluste und Kraft, die Fehler zu beheben, welche von den „Gebirgskampfneulingen“ begangen wurden. Das Alpenkorps hatte sich in seinem ersten Einsatz bewährt und die ihm gestellten Aufgaben erfolgreich bewältigt.

# Die Erinnerung in Literatur und Film

Der folgende Abschnitt analysiert das Bild, welches in der Erinnerungsliteratur, aber auch im Film über das Alpenkorps gezeichnet wurde. An mehreren Beispielen wird die Sichtweise der zeitgenössischen Erinnerungsliteratur geschildert. Von zentraler Bedeutung ist die Darstellung des Alpenkorps. Wie wurden einzelne Episoden des Einsatzes in Tirol aus deutscher beziehungsweise österreichischer Sicht in der Erinnerung beschrieben und bewertet? Darüber hinaus werden die unterschiedlichen Motive der Verfasser aufgezeigt und an den angeführten Beispielen verdeutlicht. Die Ansichten, die in diesem Abschnitt beleuchtet werden, haben den „Mythos", den man dem Alpenkorps zuschrieb, entscheidend mitgeformt.

Da die Autoren der meisten zeitgenössischen Werke über den Alpenkrieg und das Alpenkorps selbst Kriegsteilnehmer waren, gelten die Ausführungen mit Abstrichen als authentisch. Gerade in der Zwischenkriegszeit publizierten viele Autoren etliche Werke über den Krieg in den Alpen von 1915 bis 1917. Allerdings ist die Anzahl gering im Vergleich zu den Publikationen, die über andere Kriegsschauplätze (beispielsweise die Westfront) erschienen sind. Daran zeigt sich, dass der Kriegsschauplatz in Tirol vornehmlich in der Wahrnehmung der Deutschen eine untergeordnete Rolle spielte. Die in diesem Kapitel analysierte Literatur spiegelt nur eine Auswahl der Werke über den Krieg in den Bergen wider.

Eine zweite Analyse zeigt das Bild des Alpenkorps im deutschen Film anhand des Beispieles „Standschütze Bruggler" von 1936. Der Film beschreibt die Situation der Standschützen in den ersten Wochen nach dem italienischen „Intervento" im Mai 1915 und erzählt insbesondere die Geschichte des 16-jährigen Standschützen Anton Bruggler.

## Das Bild des Alpenkorps in der Erinnerungsliteratur

Die meisten Bücher der Zwischenkriegszeit in Bezug auf den Ersten Weltkrieg und den Gebirgskrieg entstammen von ehemaligen Kriegsteilnehmern (zumeist Offiziere). Diese schildern überwiegend ihre unmittelbaren Erlebnisse in romanhafter Erzählung oder in einer Art „Tatsachenbericht". Noch während des Krieges, aber vor allem nach dem Ersten Weltkrieg wurden vornehmlich in Deutschland, weniger dagegen in Österreich zahlreiche Werke veröffentlicht, welche die Kriegserlebnisse der unterschiedlichen Fronten reflektierten. Beide Staaten hatten den Krieg verloren und durchliefen in der Folgezeit umwälzende Veränderungen. Kaiser Wilhelm II. musste abdanken, und Deutschland erhielt im Vertrag von Versailles erhebliche Beschränkungen seiner militärischen Streitkräfte auferlegt, und darüber hinaus bekam es die alleinige Kriegsschuld zugewiesen. Der Vielvölkerstaat Österreich-Ungarn verlor gleichermaßen seine Macht. In den Verträgen von Saint-Germain und Trianon wurden ihm ebenfalls Beschränkungen auferlegt. Durch die Nationalbewegungen war die Doppelmonarchie in viele kleinere Einzelstaaten zerfallen. Überdies erfolgte die Abtretung von Teilen des ehemaligen Staates an die Siegermächte (beispielsweise das Trentino und Südtirol). Kaiser Karl I. war nicht imstande, den Zerfall aufzuhalten, und musste gleichfalls abdanken. Beide Staaten (Deutschland und Österreich-Ungarn) waren aus Sicht der Zeitgenossen faktisch militärisch unbesiegt geblieben und gingen dennoch als Verlierer aus dem Ersten Weltkrieg hervor.

Aus diesen Ereignissen heraus und aus dem eigenen Erleben schrieben viele ehemalige Soldaten und Offiziere ihre Erlebnisse nieder. Dies geschah zumeist nicht ohne apologetische Tendenz und mit einem verklärten Blick auf die Geschehnisse. Oftmals versuchten die Autoren auf diese Weise die erlittene Niederlage zu bewältigen und zu relativieren. Das Kriegserlebnis sollte in einer positiven Art bewahrt und damit der eigenen militärischen Leistung ein Sinn verliehen werden. Damit wird der Krieg in etlichen deutschen Werken der

Zwischenkriegszeit bejaht und als ein „natürliches“ Ereignis bewertet, dem man sich zu stellen hatte, ohne die etwaigen Konsequenzen zu hinterfragen. Hansjörg Waldner zeichnet dazu ein sehr klares Bild: „Im Weltkriegsroman wurde eine Welt beschworen, in der die ‚wahren‘ Werte (Kameradschaft, Tapferkeit, Mut, Ehrgefühl, Deutschtum) sich gegen die ‚Unwerte‘ (Demokratie, Zivilisation, Pazifismus oder ‚Bolschewismus‘) richteten.“[68] Die Stilisierung des Soldatentums ist in den meisten Romanen vordergründig und wird mit all seinen „Werten“ als durchweg positiv angesehen. Anti-Kriegsromane, wie sie etwa Erich-Maria Remarque, Ludwig Renn oder Edlef Köppen verfassten, stießen bei der breiten Masse der Bevölkerung eher auf Ablehnung und konnten recht schnell von der Flut der kriegsbejahenden Romane verdrängt werden.

Als Grundlage dieser Romane werden häufig gezielt ungewöhnliche und besonders erwähnenswerte Situationen und Ereignisse thematisiert, sei es zum einen die Betonung der Kameradschaft unter den Soldaten oder zum anderen die Hervorhebung militärischer Leistungen, bei welchen scheinbar „übermenschliche Heldentaten“ vollbracht wurden. Gerade im Haupteinsatzraum des Alpenkorps, den Dolomiten, lässt sich dies besonders gut in der angesprochenen Literatur feststellen. Hansjörg Waldner beschreibt dies in Bezug auf die entstandene Literatur der Zwischenkriegszeit sehr treffend: „In den Dolomiten finden nur kleine Gefechte statt. Im Frontroman agieren nur kleine, überschaubare Gruppen, innerhalb derer sich jeweils ein besonders Tapferer findet. Auch der Umgang der Befehlshaber mit den Befehlsempfängern vollzieht sich ‚wie in einer Familie‘. Das Sterben innerhalb der Gruppe wird überfrachtet mit weihevollem Pathos, während der Tod eines Feindes stolz registriert wird.“[69]

Oft wird das Motiv verwendet, dass der Kampf für die „richtige“ oder „gerechte“ Sache erfolgt. Die Selbstwahrnehmung vieler Autoren zum Alpenkorps und dem Einsatz in Tirol weist häufig solch eine Tendenz auf. In diesem Zusammenhang wird in fast allen der hier untersuchten Werke erhöhter Wert auf das „völkisch aufgeladene“ Attribut „deutsch“ gelegt. Die Analyse zeigt, dass die Verteidigung Tirols durch die Tiroler selbst, aber auch durch deutsche Truppen als Anlass diente, um zu betonen, dass es „deutscher Boden“ war, der gemeinsam verteidigt wurde. Südtirol als südlichster Zipfel des „Deutschtums“ durfte unter keinen Umständen „welsch“ werden. Daher erfährt die Kameradschaft zwischen deutschen und österreichisch-ungarischen Soldaten eine außerordentliche Hervorhebung. Die häufige Betonung des „Deutschen“ kommt fortwährend in der zeitgenössischen Literatur über den Krieg gegen Italien 1915–1918 zum Ausdruck und steht teilweise im Zusammenhang mit dem Einsatz des Alpenkorps. Nicht zuletzt wird das deutsche Heer vielfach als scheinbar „unbesiegbare“ militärische Elite geschildert, die Zuversicht verbreitet und in gewisser Form

**Männer eines bayerischen Schneeschuhbataillons wahrscheinlich bei einer Übung: Die Männer tragen alle eine Wendejacke (Innenseite weiß für den Wintereinsatz). Einige Männer tragen ebenfalls noch das „S“-Abzeichen am linken Ärmel, welches sich auch auf den Kragenspiegeln wiederfindet.**

für andere Truppen (in diesem Fall für die österreichisch-ungarischen) nachahmenswert erscheint.

In der Untersuchung werden einzelne Begebenheiten und Situationen aus zeitgenössischer Literatur auszugsweise dargestellt und bewertet. Diese beziehen sich ausschließlich auf das Alpenkorps. Die angeführten Zitate sind wie im Original belassen. Aus folgenden Werken wird zitiert: Martin Breitenacher, „Das Alpenkorps 1914–1918" (1939); Luis Trenker, „Sperrfort Rocca Alta" (1937); Anton von Mörl, „Standschützen verteidigen Tirol 1915–1918" (1933); Albert Reich, „Unser deutsches Alpenkorps in Tirol" (wahrscheinlich 1916); Guido Burtscher, „Das Deutsche Alpenkorps unter der Führung des Generals Konrad Krafft von Dellmensingen" (1939); Albert Reich, „Dolomitenwacht" (wahrscheinlich 1917); Anton Bossi-Fedrigotti, „Tirol bleibt Tirol" (1935); Karl Springenschmid, „Die Front über den Gipfeln" (1935); Ernst Kabisch, „Helden in Fels und Eis" (1937); Alfons von Czibulka, „Kampf in den Bergen" (1939); Contag von Kleberg, „Kämpfe deutscher Jäger in den Felsen der Dolomiten" (1932); Konrad Krafft von Dellmensingen/Friedrich Franz Fresser, „Das Bayernbuch vom Weltkriege" (1930), und Bayerisches Kriegsarchiv, „Die Bayern im Großen Kriege 1914–1918" (1923). Die genannten Werke entstanden mit wenigen Ausnahmen größtenteils in der Zeit der nationalsozialistischen Herrschaft in Deutschland und sind in den frühen und späten 1930er Jahren publiziert worden. Dies spiegelt sich häufig in Ausdruck und Sprachstil wider. Zudem wurde keines der erwähnten Bücher in Österreich verlegt, sondern ausnahmslos in Deutschland.

Im viel zitierten Werk Breitenachers, „Das Alpenkorps 1914–1918" (interessanterweise beginnt hier die Geschichte des Alpenkorps schon 1914!), wird bereits in der Einleitung auf die Besonderheit des Alpenkorps hingewiesen:

> *„Die Truppen des Deutschen Alpenkorps haben ihre eigene Geschichte, ihren eigenen Nimbus. Ihre zielsichere, im Gebirgskrieg großen Stiles erprobte Führung wetteiferte mit dem Mut und dem rastlosen Vorwärtsstürmen seiner Regimenter, die von einem*

*Kriegsschauplatz auf den anderen eilten, überall dorthin, wo es in schwierigem Gelände erbitterte Kämpfe, opfervolles Ausharren und unbedingtes Siegenmüssen galt. So ist das Deutsche Alpenkorps zum Sinnbild des deutschen Kriegsheeres überhaupt geworden.“*[70]

Diese Aussage bezieht sich nicht explizit auf den Einsatz in Tirol, sondern auf die gesamte Geschichte des Alpenkorps während des Ersten Weltkrieges. In ihr finden sich Ansichten, die den Tatsachen entsprechen, aber auch Aussagen, welche übermäßig betont werden oder nicht der Wahrheit entsprechen. Dass das Alpenkorps an den „Brennpunkten“ unterschiedlicher Fronten eingesetzt wurde, ist zweifelsohne richtig. Allerdings erwähnt Breitenacher mit keinem Wort die Schwierigkeiten, die es bei der Aufstellung des Alpenkorps gegeben hat.

**Angehörige des Jäger-Regiments Nr. 3 lassen sich im Sommer 1915 für ein Bild vor der Bergkulisse ablichten.**

Im weiteren Verlauf der Darstellung geht Breitenacher kaum auf die teilweise massiven Probleme, vor allem bei der Ausrüstung der Soldaten, ein. Vielmehr versucht er, dem Leser zu vermitteln, dass durch unermüdlichen Einsatz die Gebirgsausbildung in kürzester Zeit bewältigt werden konnte. Er schreibt: „Die Riesenarbeit aus einer Flachlandtruppe eine Gebirgstruppe zu machen, gelingt dank unermüdlicher Tätigkeit aller beteiligten Stellen in kurzer Zeit. Nach einer Woche heißer Arbeit sind die Regimenter im Gebirgskrieg verwendbar."[71] Dass die Ausbildung im Grunde genommen den gesamten Sommer über dauerte und erst mit der Ablösung im Oktober 1915 beendet war, verschweigt Breitenacher. Seine Aussage soll vielmehr den Anschein erwecken, dass das Alpenkorps von Anfang an eine elitäre Gebirgstruppe gewesen ist, welche mit Leichtigkeit den Gebirgskrieg geführt hat. An dieser Aussage wird ebenso das Selbstverständnis Breitenachers deutlich. Das Alpenkorps wird als „Sinnbild des deutschen Kriegsheeres" bezeichnet. Er erklärt zwar im nächsten Satz, dass es auch andere ruhmvolle Regimenter im deutschen Heer gegeben hat, die genauso wie das Alpenkorps Würdigung verdienen. Jedoch begründet Breitenacher die besondere Stellung des Alpenkorps mit dem „Edelweiß an ihrer Mütze [als] Beweis besonderer Leistungen"[72] und verschweigt dabei, dass es sich bei den „Edelweiß"-Abzeichen ursprünglich nicht um eine Kampfauszeichnung für besondere Leistungen gehandelt hat. Im weiteren Verlauf der Darstellung über den Einsatz in Tirol hebt Breitenacher vor allem die militärischen Leistungen des Alpenkorps hervor. Er benennt dabei speziell die Frontabschnitte, an denen sich größere Kämpfe ereigneten und an denen das Alpenkorps eingesetzt wurde, wie zum Beispiel am Col di Lana, in den Tofanen, im Gebiet um Sexten und bei den Drei Zinnen. Wiederholt liegt eine starke Betonung auf dem Attribut „deutsch", was auf den Abfassungszeitraum des Werkes zurückzuführen ist. Breitenachers Werk repräsentiert damit einen typischen Vertreter der völkisch-nationalen Nachkriegsliteratur.

Oft schien die bloße Anwesenheit der Truppen des Alpenkorps für neue Zuversicht unter den österreichisch-ungarischen Soldaten gesorgt zu haben. Dabei scheint die Tatsache eine entscheidende Rolle zu spielen, dass es sich um „deutsche Soldaten“ handelt. Zumindest schien dies zu genügen, um mit den deutschen Soldaten eine gewisse „Unbesiegbarkeit“ zu assoziieren. Die Schilderung, welche Luis Trenker in seinem autobiografischen Roman „Sperrfort Rocca Alta“ über das Alpenkorps berichtet, lässt diesen Schluss zu:

> *„Begeisterung und Beruhigung zugleich löste das Erscheinen reichsdeutscher Truppen aus. Es sind nur zwei Batterien und drei Kompanien bayrischer Leiber vom Deutschen Alpenkorps, aber der Ruf der Unbesieglichkeit, der ihnen vorausgeht, ihre Art, sofort zu handeln, die Güte ihrer Ausrüstung und der Eindruck, den sie auf den Feind machen – das alles zusammen gibt der Front weitum eine Zuversicht, wie wir sie vorher nicht gekannt haben. Ob die Infanterie vom Leibregiment weite Patrouillengänge in das bisher unbestrittene Gebiet der Italiener machte oder die Schwere Haubitzbatterie des Hauptmanns Rose als erste ihre Rohre gegen die Forts Verena und Campolongo richtet – über all dem liegt der hinreißende Zauber eines frischen Unternehmungsgeistes.“*[73]

Trenker schreibt in diesem Zitat dem Alpenkorps mehrere Eigenschaften zu. Neben dem Ruf, „unbesiegbar“ zu sein, verweist Trenker auf das schnelle Eingreifen des Alpenkorps, seine gute Ausstattung mit Waffen und den scheinbar besonderen Eindruck, den es auf die Italiener machte. Die Ausrüstung mit modernen Waffen entsprach den Tatsachen. Welchen Eindruck aber deutsche Truppen auf die Italiener machten, ist fraglich. Die Anwesenheit deutscher Truppen in Südtirol unterlag strenger Geheimhaltung. Ferner kann davon ausgegangen werden, dass zu Beginn des Krieges mit Italien die wenigsten italienischen Soldaten über die Anwesenheit deutscher Truppen informiert waren. Ebenso ist zu bezweifeln, dass Angehörige des Infanterie-Leibregimentes „weite Patrouillengänge“ auf italienisches Gebiet unternahmen, da sie der kaiserliche Befehl eindeutig daran hinderte. Zudem verlief die Tiroler Landesgrenze in unmittelbarer Nähe zum Werk Verle (Trenkers „Sperrfort Rocca Alta“). Somit ist davon auszugehen, dass

**Männer des Jäger-Regiments Nr. 3 bei einer Rast im Gebirge – neben der umfangreichen Ausrüstung ist vor allem der Mündungsschoner für das Gewehr 98 sehr interessant.**

die angesprochenen Patrouillengänge nicht nur auf österreichisch-ungarischem Hoheitsgebiet stattgefunden haben können. In jedem Fall schien die Anwesenheit deutscher Verbände einen beruhigenden, aber auch faszinierenden Eindruck auf die verbündeten Truppen gemacht zu haben.

Dies bestätigt überdies Anton von Mörl in seinem Werk „Standschützen verteidigen Tirol 1915–1918". Über Angehörige eines bayerischen Jägerbataillons, die bereits wenige Tage nach der Kriegserklärung in Sexten angekommen waren, schreibt von Mörl: „Uns allen aber schien diese unentwegt durch Regen und Kot marschierende Truppe mit dem unwiderstehlichen Rhythmus ihres Marsches wie ein Symbol der deutschen Armee."[74]

Ähnlich wie in Breitenachers Darstellung wird ein Teil des Alpenkorps als „Symbol der deutschen Armee" bezeichnet, der scheinbar unermüdlich seinen Dienst verrichtet. Gleichermaßen wie Trenker hegt auch von Mörl eine gewisse Bewunderung für die deutschen Truppen.

Albert Reich beschreibt in seinem Buch „Unser deutsches Alpenkorps in Tirol. Ein Erinnerungswerk" den Eindruck, den das Alpenkorps nach seinem Abschied im Oktober 1915 in Tirol hinterlassen hat, wie folgt: „Erzählt aber in Tirol in fernen Jahren einst der Vater oder Lehrer vom Weltkrieg und dem treubrüchigen Welschen, dann wird auch der Deutschen u. ihrer raschen Hilfe gedacht, die das Land vor feindlichem Einbruch mit bewahrt hat."[75]

Reich schildert somit den Einsatz in Tirol als eine bleibende Erinnerung unter den verbündeten Soldaten, welche das gemeinsame Erlebnis noch ihren Kindern erzählen werden.

Guido Burtscher geht dagegen in seinem Werk „Das Deutsche Alpenkorps unter der Führung des Generals Konrad Krafft von Dellmensingen" so weit, zu behaupten, dass der Einsatz des Alpenkorps für eine neue „deutsche Begeisterung" in Tirol gesorgt habe. Er schreibt: „Als die Tiroler schon in den ersten Jahren nach dem Krieg so nachdrücklich und in einer Abstimmung fast einhellig die Vereinigung mit dem Deutschen Reich begehrten, da wirkten wohl die Eindrücke nach, die das Deutsche Alpenkorps hinterlassen hatte."[76] Angesichts der Tatsache, dass das Buch 1939 veröffentlicht wurde, wirkte sicherlich noch der Anschluss Österreichs an das Deutsche Reich von 1938 auf Burtscher, als er diesen Satz schrieb. Im letzten Kapitel seines Buches betont er eingehend die Wichtigkeit des Anschlusses an das Deutsche Reich. Somit verknüpft er die Vergangenheit mit der Gegenwart: die Deutschen als „Heilsbringer" 1915 und 1938.

Die Akzentuierung des „Deutschen" drückt sich ebenso darin aus, dass das seit jeher „deutsche Tirol" gemeinsam durch Tiroler und deutsche Truppen verteidigt wurde. Tirol musste unter allen Umständen

„deutsch" bleiben und durfte nicht italienisiert werden. Hans Trutter schildert in Albert Reichs „Dolomitenwacht. Ein Werk zur Erinnerung an die gemeinsame Verteidigung Tirols durch österreichische und deutsche Truppen" eine Begebenheit, die sich während der Ankunft des Alpenkorps zugetragen hat: „Alle Welt schien auf den Beinen, schien da zu sein, uns zu sagen: ‚Willkommen! Willkommen Ihr deutschen Brüder! Heil Euch, daß Ihr mit uns streiten wollt um dieses Land, das deutsch ist bis in sein innerstes Mark und deutsch bleiben wird, solange noch Tiroler Bauernfäuste einen Stutzen führen können'".[77] Zum einen wird die gemeinsame Verteidigung des „deutschen Bodens" betont und zum anderen, dass das Land Tirol im Innersten „deutsch" ist und es bleiben wird, solange sich die Männer verteidigen können.

Ähnlich urteilt auch Anton Bossi-Fedrigotti in seinem Werk „Tirol bleibt Tirol", welches 1935 erschien. Dort schreibt er über die Ankunft des Alpenkorps:

> *„Endlich kommt Verstärkung. Truppen nehmen die Standschützen und übrigen Landesverteidiger auf. Truppen, die die Tiroler nicht im Rückzug aufzufangen brauchen, sondern die neben ihnen in die Kampflinie springen und mit ihnen die Front ausbauen, die nun zu einem Eisenwall wird und die der Gegner niemals mehr mit der Waffe durchbrechen wird. Diese Truppen sind Deutsche! Das Deutsche Alpenkorps, von der deutschen Heeresleitung aus Soldaten aller deutschen Gaue in Eile zusammengestellt, – rollt heran und übernimmt nunmehr mit die Verteidigung Tirols. Der größte Teil dieser Truppen aus dem Reich sind Bayern. Und so füg es deutsches Schicksal, daß in diesem Kampf, da Tirol mit seiner letzten Manneskraft den deutschen Süden deckt, Stammesbrüder, – bayrische Soldaten mit ihrem Blut das Land verteidigen, das zweimal in der Geschichte gegen ihren Herrscher aufstehen musste."*[78]

Bossi-Fedrigotti schildert in diesem Zitat im typischen Sprachstil der NS-Zeit die Hilfe des Alpenkorps. Er stellt aber bewusst eine Wunschvorstellung dar, welche so nicht wahrheitsgemäß erscheint. Beispiels-

Hermann Rudolf, Angehöriger des Großherzoglich-Mecklenburgischen Reserve-Jägerbataillons 14

weise entspricht es nicht den Tatsachen, dass das Alpenkorps sofort nach seiner Ankunft in Südtirol in die Front eingeschoben wurde. Vielmehr waren die Einheiten hinter der Front verteilt und sollten eine Schlagreserve bilden, die nur in Notfällen einzusetzen war. Weiterhin entspricht es nicht den Tatsachen, dass das Alpenkorps aus allen deutschen Kontingenten bestand (sächsische Soldaten waren nicht vertreten). Die bayerischen Soldaten des Alpenkorps bezeichnet Bossi-Fedrigotti als „Stammesbrüder" der Österreicher und unterstreicht damit die „deutsche Zusammengehörigkeit". Zudem verweist er vor allem darauf, dass die einstigen Rivalen (Bayern und Tiroler) nun gemeinsam den „deutschen Süden" verteidigten. Ein Indiz dafür, dass Südtirol in den Augen Bossi-Fedrigottis auf keinen Fall an Italien fallen durfte. Er deutet in diesem Zusammenhang ebenfalls die „völkische" Zusammengehörigkeit von Bayern und Tirolern an. Auch Bossi-Fedrigotti ist ein typischer Vertreter der völkisch-nationalen Literatur der Zwischenkriegszeit.

Romanhafter schildert Karl Springenschmid in seinem Werk „Die Front über den Gipfeln“ den Einsatz einer zwölfköpfigen Vorhut des Großherzoglich-Mecklenburgischen Reserve-Jägerbataillons 14 unter dem Titel „Der Nagele begreift den Krieg“.

Die Jäger wurden am 9. Juli 1915 als erste Verstärkung auf den bedrohten Rauchkofel (vielleicht der südlich von Schluderbach gelegene Rauchkofel, Monte del Fumo, 2126 m) gesendet, welcher nur noch von sehr wenigen Standschützen gehalten werden konnte. Nach der Regimentsgeschichte des Großherzoglich-Mecklenburgischen Reserve-Jägerbataillons 14 wurde dieses hauptsächlich im Abschnitt Falzaregopass und Travenanzestal eingesetzt, sodass sich heute nicht eindeutig klären lässt, welchen Berg Springenschmid hier beschreibt. Springenschmid kreiert in dem Standschützen Nagele einen sturen Tiroler, der nicht verstehen kann, weshalb ausgerechnet Jäger aus dem Flachland zum Widerstand auf dem Rauchkofel beitragen können. Nach Nageles Meinung besitzen die deutschen Jäger keine Erfahrung im Gebirgskrieg. Daneben sind sie „lutherischer“, also protestantischer Konfession, was für ihn unverantwortlich erscheint. Springenschmid lässt ihn dazu ausführen: „Das mit den Deutschländern, mit den Preußen! Solche Leut schicken sie uns aufer, die nit einmal über a Schutthaldn gehn können“; „Er [Nagele Anm. d. Verf.] riß die Türe des Unterstandes auf. ‚Lutherisch sein sie!‘, schrie er, ‚jetzt ischt es erwiesen. Und solche Leut sollen wir unsern Kofel übergeben? Teufel, höllischer! Solche lutherische Sakra tun sie uns herein, in unser kreuzchristliches Tirol.‘“[79]

Es entwickelt sich ein Streitgespräch zwischen Nagele und den anderen Standschützen, welche die deutschen Jäger durchaus für tauglich halten, den Rauchkofel zu verteidigen. Nagele gipfelt in dem Satz: „Solange wir Tiroler drauf sein, ischt der Kofel tirolisch. Aber wann einmal die andern drauf sein ...“ Danach schlugen plötzlich Granaten in die Stellung ein, und es begann starkes Trommelfeuer. Anschließend kam es zu einem Infanterieangriff der Italiener – knapp 50 Verteidiger gegen 300 Alpini. Springenschmid schreibt, dass die Italiener bis in die Stellung gelangten, dann aber durch einen Gegenangriff wieder aus dieser verdrängt wurden. Am Abend des 9. Juli beruhigte sich die Lage.

Die Geschichte endet damit, dass Nagele schwer am Arm verletzt auf einer Trage neben einem ebenfalls schwer verletzten Mecklenburger Jäger liegt, mit dem er sich noch wenige Stunden zuvor hitzig unterhalten hatte. Springenschmid schließt die Geschichte mit folgendem Dialog:

> *„[Nagele sagt zu dem deutschen Jäger neben ihm, Anm. d. Verf.] ‚Du, weißt ... so mitten in dem Angriff drein ... da ischt das alles eins gewesen, tirolisch oder preußisch ... das hätt i selber nimmer ausnandgkennt ... es war alles eins ... katholisch und ... und lutherisch ...' Da schaut der Junge auf, und ein Lächeln huscht über sein Gesicht. ‚Alles deutsch ...', nickt er, ‚deutsch!' – ‚Deutsch!' wiederholte der Nagele das Wort andächtig. Und jetzt stehen ihm richtig die Augen voll Wasser. ‚Jetzt versteh i den Krieg erst!', sagt er."*[80]

Schlussendlich liegt das „Verstehen des Krieges" für Springenschmid darin, dass es nicht entscheidend war, woher die Soldaten kamen und welcher Konfession sie angehörten, sondern vielmehr, dass sie im Grunde alle Deutsche waren. Ausschlaggebend war allein die erfolgreiche gemeinsame Verteidigung des „deutschen Bodens". An dieser Geschichte lässt sich das Motiv vom gemeinsamen Kampf für den Erhalt des „deutschen Tirols" sehr gut nachvollziehen. Darüber hinaus werden die vermeintlich „schlechten" deutschen Jäger aus dem Flachland als brauchbare Soldaten des Gebirgskrieges dargestellt und der scheinbare Makel des schlechten Gebirgssoldaten revidiert. Nicht zuletzt drückt diese Erzählung stark propagandistisch die völkisch-nationale Einheit zwischen Deutschen und Österreichern aus sowie den Wunsch nach dem „Anschluss" Österreichs an das Deutsche Reich. Interessanterweise beschreibt Springenschmid die gleiche Geschichte wenig abgewandelt in seinem Buch „Saat in der Nacht. Bauernschicksal in Südtirol", welches 1936 erschien, nochmals. Ebenfalls werden Standschützen in prekärer Lage durch „Jäger aus Ostpreußen", die dem Alpenkorps angegliedert sein sollen, verstärkt. Die Standschützen trauen diesen „Flachländern", die dazu noch „Lutherische" sind, nicht zu, ihre Stellung im Hochgebirge zu verteidigen. Als ein massiver Angriff durch Alpini und reguläre italienische Truppen erfolgt, endet die Geschichte ähnlich, allein das „Deutsch-Sein“ zählt und nicht etwa die Herkunft oder religiöse Ansichten.

Springenschmids Darstellungen sind dagegen kein Einzelfall. In Ernst Kabischs Werk „Helden in Fels und Eis“ wird in der Geschichte „Norddeutsche Jäger“ gleichfalls über einen Einsatz einer zirka 20 Mann starken Gruppe des Großherzoglich-Mecklenburgischen Reserve-Jägerbataillons 14 berichtet. Kabisch beschreibt in einer allgemeinen Einleitung, weshalb sich norddeutsche Jäger überhaupt in Tirol befanden. Er schildert weiter, dass die Einheiten des Alpenkorps zwar sehr gut ausgerüstet waren, aber dennoch zuerst eine gründliche Ausbildung durchlaufen mussten, um im Gebirge eingesetzt zu werden. Dazu verweist er auf eine „tüchtige Bergausrüstung“ der Deutschen. Er verschweigt allerdings, dass nur etwa die Hälfte des Alpenkorps mit einer unzureichenden Gebirgsausrüstung ausgestattet werden konnte. Dagegen lässt er einen Tiroler Bergführer über die Ausrüstung der Deutschen urteilen: „Dös is a G'lump!“, mit dem anschließenden Hinweis, dass die deutsche Ausrüstung mit der des Tirolers nicht zu vergleichen sei. Des Weiteren erläutert Kabisch kurz den Einsatzraum der Jäger und schlussfolgert, dass diese in der Anfangszeit mehr gegen die Läuse zu kämpfen hatten als gegen die Italiener, da diese sich bis dahin ruhig verhielten. Schließlich beginnt die Schilderung des Einsatzes der Mecklenburger Jäger. Der Krieg wird eher als Idylle dargestellt, in der scheinbare Nebensächlichkeiten (Läuse) in den Vordergrund gerückt werden. Die Mecklenburger Jäger wollten eine Patrouille mit den besagten 20 Mann gegen die Italiener unternehmen. Auf den Hinweis eines österreichischen Landsturmhauptmanns, dass sie Gebirgsneulinge seien und der Gegner ihnen zahlenmäßig überlegen ist und dazu Gebirgserfahrung besitzt, entgegneten ihm die Jäger: „Dafür sind wir Deutsche.“[81] Die Jäger-Patrouille kampierte in einem Dorf, das in der Nähe der österreichischen Stellung lag. Von dort begann die Suche nach der gegnerischen Patrouille. Diese wurde wenig später ausfindig gemacht, 36 Mann stark und folglich fast doppelt so groß. Der Jägerleutnant beschloss, dass seine nunmehr 17 Mann (warum plötzlich drei Männer fehlen, wird nicht beschrieben) starke Patrouille den Gegner nur durch eine List stellen könne. Daher entscheid er sich, die Italiener aus dem Hinterhalt heraus anzugreifen. Dieser wurde eiligst vorbereitet. Der Feuerüberfall war erfolgreich: „Die Wirkung der ersten Salve war fürchterlich: Sie verwandelte die schmucken Alpini mit einem Schlage in einen Haufen zerfetzter Körper. Die wenigen, die nicht gleich getroffen wurden, rannten wild durcheinander und suchten, nach allen Richtungen zu entkommen."[82] Die italienische Patrouille wurde nahezu vollständig vernichtet, eigene Verluste hatten die deutschen Jäger dagegen nicht erlitten. Nach dem Überfall mussten sich die Deutschen schnell zurückziehen, da in einer nur zehn Minuten entfernten Stadt drei Kompanien Alpini stationiert waren, die durch den Gefechtslärm alarmiert wurden. Der Rückzug gelang, und die Jäger erreichten erschöpft am Abend wieder die österreichische Stellung. Damit endet Kabischs Schilderung über die Patrouille.

Aus dieser Darstellung wird ähnlich wie bei Springenschmid deutlich, dass den Mecklenburger Jägern zunächst nicht zugetraut wurde, dass sie im Gebirge eingesetzt werden konnten. Darüber hinaus behob sich dieser Umstand scheinbar allein durch die Tatsache, dass es sich um deutsche Soldaten handelte. Auch wenn diese Szene nicht direkt im Hochgebirge spielte, haben sich die Jäger dennoch bewährt und einen überlegenen Gegner besiegt. Es entsteht der Eindruck, dass sie durch Geschick den Mangel an Gebirgserfahrung beheben konnten. Dieser Bericht trägt ebenfalls dazu bei, die scheinbar mangelnde Tauglichkeit der Mecklenburger Jäger im Hochgebirge zu revidieren.

Die heroischste Schilderung der in diesem Zusammenhang untersuchten Werke wurde dagegen von Alfons von Czibulka in seinem Werk „Kampf in den Bergen. Heldentaten unserer Soldaten an der Alpenfront" unter dem bezeichnenden Titel „Zweitausend gegen sechzehn" verfasst. Das Buch erschien 1939 im typischen Sprachstil der NS-Zeit. Es ist zum Teil mit schwarzweißen Zeichnungen illustriert, welche die Soldaten des Alpenkorps durchweg als typische Wehrmachtssoldaten darstellen (beispielsweise tragen alle Soldaten den späteren Stahlhelm

M35 der Deutschen Wehrmacht, den es 1915 noch gar nicht gab). Dies verdeutlicht, welchen Anspruch das Werk an die Vergangenheit legt. Die deutschen Soldaten des Weltkrieges scheinen in gleicher Weise heroisch und kriegerisch wie die Angehörigen der neuen Deutschen Wehrmacht.

Czibulka beschreibt den Einsatz der 1. Kompanie des Großherzoglich-Mecklenburgischen Reserve-Jägerbataillons 14. Dabei ist seine Schilderung ähnlich aufgebaut wie Kabischs Bericht. In einer allgemeinen Einleitung berichtet Czibulka, wie sich die Mecklenburgischen Jäger in den ersten zwei Monaten des Einsatzes in Tirol an die Berge und vollkommen andere Verhältnisse gewöhnten. „Aber der Leutnant kann zufrieden sein. Prachtvoll haben sich seine Mecklenburger in diese Bergwelt eingelebt. Obwohl doch bis vor zwei Monaten, ehe sie mit dem Deutschen Alpenkorps nach Südtirol gekommen waren, keiner von ihnen noch einen Berg gesehen hatte."[83] Ebenso verweist er mehrfach darauf, dass die Mecklenburger Jäger kampferprobte Männer waren, die den Krieg bereits von der Westfront her kannten. Die Aufgabe der Jäger bestand darin, dass die Männer einen Zug des eigenen Bataillons ablösen sollten. Dieser stand seit acht Tagen im Kampf um die Fontana-Negra-Scharte im Gebiet der Tofanen. Czibulka bemerkt, dass die Stellung der Deutschen kaum Schutz gegen Artillerie- und Infanteriebeschuss bot, da in 3200 Meter Höhe nur noch Felsblöcke und Steinwälle als Schutz dienten. Zudem konnte die Stellung nur bei Nacht abgelöst werden, da der Zugang bei Tag durch die Italiener eingesehen wurde, was den Nachschub wesentlich erschwerte. Allerdings stellt dies keine Besonderheit dar, da viele Kampfabschnitte der Mittelmächte und der Italiener nur bei Nacht abgelöst und mit Nachschub versorgt werden konnten. Dennoch handelte es sich in diesem Fall um eine äußerst exponierte Stellung, die scheinbar nach der Meinung des Autors von großer Bedeutung zu sein schien, weil von ihrer Behauptung „das Schicksal der ganzen Tiroler Verteidigung" abhing. Czibulka verweist in diesem Zusammenhang nicht explizit auf die Stellung an der Fontana-Negra-Scharte, sondern schildert allgemein, dass in den ersten Tagen des Krieges gegen Italien der „Verlust einer Scharte, eines

Gipfels, eines Kars oder gar eines Hochtals"[84] bereits die Entscheidung für eine Niederlage der Mittelmächte herbeigeführt hätte. An dieser Aussage lässt sich sehr gut erkennen, dass Czibulka den Handlungsort seiner Geschichte bewusst überbetont, um deren angebliche Besonderheit hervorzuheben, um dem Leser den Kampf nahezu als „kriegsentscheidend" darzustellen.

Die Stellung konnte dennoch behauptet werden, obwohl sie für Czibulka eigentlich als unhaltbar galt, da sie vollständig vom Feind umringt war. Außerdem erschien das Kräfteverhältnis äußerst ungleich. Die Ablösung der Jäger betrug nur 60 Mann, wogegen ihnen zwei bis drei Alpini-Bataillone (ca. 2000–3000 Mann) gegenüberstan-

**„Gebirgs-Übung, 14. Juni 1915, vom Castello aus" – Männer des Hannoverschen Jägerbataillons 10 bei einer Übung im Sommer 1915 in Südtirol**

den. Der Autor steigert somit die Dramaturgie seiner Geschichte noch weiter.

Die Jäger begannen den beschwerlichen Aufstieg über Eisenleitern und Eisenstifte im frühen Morgengrauen und wurden durch sehr dichten Nebel vor dem Beschuss der Italiener bewahrt. Als sich der Nebel lichtete, eröffneten Alpini und italienische Artillerie sofort das Feuer auf die Deutschen. Dennoch blieben die Jäger ruhig und „antworteten" zur „Überraschung" der Italiener mit „ruhigem, langsamem unheimlich gut gezieltem Feuer".[85] „Kaltblütig" schossen die Jäger jeden Italiener ab, der sich ihnen zeigte. Am Abend des ersten Tages gab es nur zwei Leichtverwundete. Zudem kamen in der Nacht Munition und Verpflegung in die Stellung. Am nächsten Tag berichtete Czibulka von einer weiteren Patrouille der Mecklenburger, welche die Italiener in der Flanke beschoss und sogar den italienischen Alpini-General Cantore töten konnte. Die Italiener beschossen daraufhin erbittert das Felsband, auf welchem sich die zweite Patrouille festgesetzt hatte. Die Stellung der Fontana-Negra-Scharte wurde ebenso stark unter Feuer gelegt. Trotzdem erlitten die Jäger nur geringe Verluste. Am zweiten Tag bereiteten die Italiener einen Infanterieangriff vor. Wieder betont Czibulka die zahlenmäßige Unterlegenheit der Deutschen (ein Zug mit ungefähr 60 Jägern gegen zwei Bataillone mit ca. 2000 Alpini). Auch die Wichtigkeit der Stellung wird nochmals hervorgehoben: „[...] der Durchbruch durch die Fontana-Negra-Scharte in das Travenanzes-Tal ist vielleicht der Durchbruch der Tiroler Front. Reserven haben die Österreicher keine. Das weiß der Feind."[86] Die erste Angriffswelle brach im Feuer der Deutschen zusammen. Indes machte sich sehr bald der Mangel an Munition bemerkbar. Deshalb sollten zwei Melder aus der rückwärtigen Stellung Munition und Verstärkung herbeischaffen. Allerdings wurden beide von den Italienern erschossen, sodass die Mecklenburger Jäger vergeblich auf Entsatz und Munition warteten. Am Mittag des zweiten Tages begann der zweite Angriff der Alpini. Dieses Mal richtete er sich ebenfalls gegen die Reste der zweiten Patrouille, welche die Italiener aus der Flanke beschossen hatte. Die verbliebenen vier Jäger wehrten sich erbittert gegen die Übermacht und wurden schließlich

**„Unser Ausflug auf den Schwarzkopf im Juni 1915" – Männer des Hannoverschen Jägerbataillons 10 bei einer Übung auf dem Schwarzkopf (2805 m)**

durch Kugeln und Handgranaten getötet. Czibulka berichtet, dass diesen vier Jägern die Munition ausgegangen war, sodass sie Steinblöcke auf die Italiener warfen, bevor sie starben. Gleichwohl konnte der Angriff der Alpini durch die verbliebenen Deutschen erneut abgewehrt werden. Allerdings war der Zug der Mecklenburger Jäger nun auf 30 kampffähige Männer reduziert. Den dramaturgischen Höhepunkt in Czibulkas Schilderung stellt schließlich der letzte Angriff der Italiener dar. Nach massiver Artilleriebeschießung stürmten die Italiener die Stellung, die mittlerweile nur noch von 16 Jägern verteidigt wird. Das Maschinengewehr wurde getroffen, und auch der Leutnant des Zuges war verwundet. Dazu ging die Munition aus. Als die Jäger ihre letzten Kugeln verschossen hatten, zerstörten die Männer ihre Gewehre und gingen in italienische Kriegsgefangenschaft. Damit endet Czibulkas Bericht über die Mecklenburgischen Jäger. Die eigentliche Stellung ging verloren, konnte aber zum Teil wieder zurückerobert werden. In jedem Fall waren die „Kämpfe der Mecklenburger [...] nicht vergeblich. Die Fontana-Negra-Stellung ist gefallen. Aber das Travenanzes-Tal ist unerreichbar. Eisern steht die Dolomitenfront."[87]

In Czibulkas Bericht wird zwar nicht besonders auf das Attribut „deutsch" verwiesen, aber dennoch schildert er in spezieller Weise den heroischen Einsatz der Mecklenburger Jäger und betont deren soldatische Tugenden (Durchhaltewillen, Opfermut, Pflichterfüllung). Die Situation, die Czibulka in seinem Bericht aufzeigt, ist durchaus realistisch. Allerdings überspitzt der Autor an vielen Stellen außerordentlich seine Geschichte. Immer wieder erfolgt ein Hinweis auf die Unterlegenheit der Deutschen. Auch die Stellung war nur ungenügend ausgebaut und zudem fast vollständig vom Feind umringt. Aufgrund solcher Äußerungen kommen in diesen Ausführungen deutlich die eingangs erwähnten Motive zum Tragen, dass zum einen der Kriegsleistung ein höherer Sinn verliehen werden soll und dass zum anderen die eigene Leistung überbetont wird. Die Jäger behaupteten zweifelsohne eine wichtige Stellung, bis sie von der italienischen Übermacht zur Aufgabe gezwungen wurden. Dem ungeachtet waren in den Augen Czibulkas die Opfer nicht umsonst, da der Frontdurchbruch verhindert werden konnte. Vielmehr zeugt der Einsatz der deutschen Jäger von treuer Pflichterfüllung, weil sie trotz der aussichtslosen Lage bereit waren, bis zur sprichwörtlichen „letzten Patrone" zu kämpfen. Der Bericht bildet ein gutes Beispiel für die erneute „Aufwertung" deutscher Soldaten des Ersten Weltkrieges im Dritten Reich. Die Andeutungen auf militärische Treue, Pflichterfüllung und ähnliche soldatische Tugenden spielten in diesem Zusammenhang eine wichtige Rolle.

Interessanterweise findet sich dieselbe Geschichte auch in Gunther Langes' Buch „Die Front in Fels und Eis" mit dem Titel „Totentanz um die Fontana Negra". Langes' Buch erschien erstmals 1932, daher ist davon auszugehen, dass Czibulka diesen Bericht für sein Werk übernommen haben könnte, um ihn nach seinen Vorstellungen zu modifizieren und auszuschmücken. Langes beschreibt die Geschichte weniger heroisch, eher sachlich in der Art eines Tatsachenberichtes.

Er versucht vielmehr, die Geschehnisse authentisch darzulegen und vermeidet gewisse Überbetonungen der Jäger, wie sie Czibulka verwendete.

Contag von Kleberg berichtet in Langes' Buch unter dem Titel „Kämpfe deutscher Jäger in den Felsen der Dolomiten" über eine Begebenheit auf der Punta di Bois, einem Berg ebenfalls im Gebiet der Tofanen und des Travenanzestales. Von Kleberg war wohl selbst Soldat, wahrscheinlich auf österreichisch-ungarischer Seite. Die Begebenheit veranschaulicht den Einsatz einer 18 Mann starken deutschen Feldwache (wohl von Angehörigen der Bayerischen Jäger-Brigade Nr. 2 besetzt), die auf einer erhöhten Position ein „herrliches Leben" führte, da sie täglich die Schönheit der Berge genießen konnte. Ein ungewöhnlicher Anfang, da der Krieg scheinbar romantisch verklärt, sorglos für die deutschen Soldaten der Feldwache erschien. Die Stellung war notdürftig mit Steinwällen gesichert, die kaum Brusthöhe erreichten. Dazu war diese mit einem Maschinengewehr ausgestattet. Von Kleberg beschränkt sich nicht auf einen bestimmten Zeitraum, sondern schildert in seinem Bericht mehrere Ereignisse. Beispielsweise hatten die Deutschen von ihrem exponierten Punkt aus Einsicht auf den Nachschub- und Verbindungsweg der Italiener. Dieser wurde täglich unter Beschuss genommen. Als die Italiener ihre Versorgung in die Nacht verlegten, ließ der Leutnant der Jäger das Maschinengewehr auf die Straße einrichten, welche die Italiener nutzen mussten, um in ihre Stellungen zu gelangen. In der Nacht feuerte dann das Maschinengewehr in unregelmäßigen Abständen auf die Straße. Wenn am nächsten Morgen die Ausweichwege von den Deutschen entdeckt wurden, feuerte das Maschinengewehr in der nächsten Nacht auf einen dieser neuen Wege. Einmal bemerkte der Leutnant im Wald neben der Versorgungsstraße der Italiener eine größere Gruppe Soldaten, die er daraufhin sofort eigenhändig mit dem Maschinengewehr beschoss und dadurch ein großes Chaos unter den Italienern verursachte und viele von ihnen tötete. Die flüchtenden italienischen Soldaten wurden von den deutschen Jägern erschossen. An anderer Stelle schildert von Kleberg einen Angriff einer italienischen Patrouille auf die deutsche

„Unterstand 3. M. Gw. Komp. I. Jäg. Batl. auf dem Kl. Lagazuoi i. Tirol" – eine äußerst seltene Aufnahme, die Männer des 1. Bayerischen Jägerbataillons vor ihrem Unterstand auf dem Kleinen Lagazuoi zeigt; das Bild verdeutlicht sehr gut, in welchen Verhältnissen die Soldaten auf dem Berg „hausten".

„Eine Ansicht von unserem Unterstand Kl. Lagazuoi“ – gleichfalls eine äußerst seltene Aufnahme, die Männer des 1. Bayerischen Jägerbataillons vor ihren kärglichen Unterständen auf dem Kleinen Lagazuoi im September 1915 zeigt

**Männer der Preußischen Fußartillerie-Batterie 102 vor ihrem Geschütz in einer Waldstellung bei Sexten, vor ihnen sind die Granaten in Geschosskörben aufgestapelt.**

Feldwache. Die Deutschen hörten anhand der Klettergeräusche, dass sich eine italienische Patrouille ihrer Stellung näherte. Daher hatte der Jägerleutnant seine Männer verteilt, um die Italiener im richtigen Augenblick aus dem Hinterhalt anzugreifen. So ließ der Jägerleutnant den ersten Mann der Patrouille fast bis an seinen Gewehrlauf klettern, ehe er diesen aus nächster Nähe erschoss und der Getötete die restlichen Männer der Patrouille mit sich in die Tiefe riss. Zusätzlich wurden Handgranaten geworfen, um die feindliche Patrouille vollständig zu vernichten. Eigene Verluste hatten die Deutschen keine. Ferner erzählt von Kleberg, dass die Italiener alles versuchten, um die deutsche Feldwache zu zerstören. Einmal warfen sie aus nächster Nähe Handgranaten, allerdings ohne Erfolg. Im Gegenzug erschossen die Deutschen alle italienischen Soldaten, die sich in die Nähe der Feldwache wagten. Ein anderes Mal wurde die Feldwache mit Artillerie beschossen, ebenfalls ohne Erfolg. Die Deutschen erlitten scheinbar keine Verluste, zumindest wird dies an keiner Stelle des Berichtes erwähnt. Der Jägerleutnant, der als Offizier und Vorbild in dem Bericht eine zentrale Rolle spielt, ermittelte darüber hinaus die Stellungen mehrerer italienischer Geschütze, die daraufhin durch seine Anweisungen von der eigenen Artillerie zerstört werden konnten. Den Höhepunkt bildet die folgende Situation: Eines Morgens entdeckte einer der deutschen Jäger, dass sich wenig unterhalb der eigenen Stellung im Schutz des Morgennebels ein ganzes italienisches Bataillon zum Angriff bereit machte. Als dies der Jägerleutnant auch beobachtete, setzte er sich an das Maschinengewehr und begann zu feuern. Von Kleberg beschreibt diesen Augenblick wie folgt:

> *„Und das Maschinengewehr raste mit seinen Geschossen mitten unter sie. Ohne Pause in die dichtesten Haufen mitten hinein, unaufhörlich mitten hinein! Die Nebel wurden lichter, blasser, durchsichtiger, die Ziele deutlicher, zahlreicher, und die Maschine raste, arbeitete, mähte. Mähte allein unter dem in Bataillonsbreite zum Angriff bereitstehenden, durch den Nebel, auf dessen Hülle er gehofft hatte, enttäuschten Feind. Mähte junge, blühende Menschenleiber, und der Tod erntete volle Garben.“*[88]

Und weiter:

> *„Das eine Maschinengewehr! Sein Rasseln klang wie ein Hohngelächter auf die fast tausendfache Menschenkraft des Gegners, die sich gegen diese kleine Maschine als machtlos erwies und unter ihren Peitschenhieben aus hundert Wunden verblutete. Taktaktak … taktaktaktak … Hohngelächter, von den Bergwänden in tausendfachem Echo wiedergegeben.“*[89]

Der Unteroffizier Karl Standacker vom Jäger-Regiment Nr. 3 posiert für ein Foto, welches er später an seinen Bruder Josef sendet. Interessant ist hierbei, dass er seine gesamte Ausrüstung zur „Schau" stellt, selbst das Gewehr und ein Horn sind im Hintergrund zu sehen.

Die Italiener versuchten, das deutsche Maschinengewehr mit Artillerie zu bekämpfen, allerdings erfolglos. Nur ein italienisches Geschütz war auf das Maschinengewehr eingeschossen. Dieses ließ der Jägerleutnant durch zwei Männer beobachten. Immer wenn eine Granate abgeschossen wurde, hatte er genau 24 Sekunden Zeit, bis diese in der Stellung einschlug. Von Kleberg berichtet, dass der deutsche Leutnant immer bis kurz vor dem Einschlag schoss und erst dann in Deckung ging und sich gar nicht von den Granaten und Schrapnells beeindrucken ließ. Die Italiener brachen schließlich den Angriff ab, da sie „hunderte von Toten und Verwundeten verloren [hatten]"[90]. Damit endet von Klebergs Bericht über die deutsche Feldwache. Anhand solcher

Schilderungen wird deutlich, dass viele österreichisch-ungarische Soldaten die Angehörigen des Alpenkorps für unbesiegbar hielten. Die deutschen Jäger brachten den italienischen Soldaten schwerste Verluste bei, erlitten selbst aber keine, ebenso ein scheinbar zu allem entschlossener Leutnant, der allein „kaltblütig" mit dem Maschinengewehr fast ein ganzes italienisches Bataillon vernichtete. Die deutschen Jäger schienen alldem zu trotzen. Sowohl Patrouillenangriffe als auch Artilleriebeschuss richteten keinen Schaden an. Dazu ist in von Klebergs Bericht nichts von einer kritischen Munitionsversorgung zu lesen, obwohl die Stellung als exponiert galt und damit schwierig zu versorgen war. Die deutschen Jäger behaupteten in jedem Fall ihren Kampfabschnitt und konnten trotz aller Versuche der Italiener nicht aus diesem vertrieben werden. Die zentrale Rolle des Jägerleutnants lässt die deutschen Offiziere des Alpenkorps darüber hinaus in einem besonderen Licht erscheinen. Zumeist ging der Leutnant als Beispiel voran. In von Klebergs Bericht ist kaum die Rede von den übrigen 17 Jägern der Feldwache. Oft war es der Leutnant, der die zentrale Rolle in einem Angriff oder in der Abwehr eines Angriffes spielte. Die übrigen Jäger halfen scheinbar nur noch zum endgültigen Gelingen des jeweiligen Einsatzes. Darüber hinaus zeigt sich an diesem Bericht deutlich, dass der Gebirgskrieg genauso „modern" und „vernichtend" geführt wurde wie in der Ebene. Er unterschied sich somit in keinster Weise von den übrigen Fronten des Ersten Weltkrieges. Ein Maschinengewehr konnte in der richtigen Position im Gebirge ebenso seine tödliche Wirkung entfalten wie in der Ebene.

Dass es nicht nur Darstellungen über Infanterieeinheiten des Alpenkorps gibt, zeigt die Schilderung eines Einsatzes der 7. Batterie der Bayerischen Gebirgs-Kanonen-Abteilung Nr. 2 auf dem Sasso di Stria (Hexenstein), der ebenfalls in der Nähe der Tofanen liegt. Die Geschichte findet sich unter dem Titel „Das Alpenkorps in Tirol" im zweiten Band des „Bayernbuches vom Weltkriege", was unter anderem von Konrad Krafft von Dellmensingen herausgegeben wurde. Um die Italiener am Vordringen in das Travenanzestal zu hindern, beschloss der Führer der 7. Batterie, „etwas Außerordentliches zum

Schutze der eigenen Stellungen zu unternehmen, um den Feind von seinen Unternehmungen abzubringen."[91] Vor der eigenen Stellung lag im unbesetzten Gebiet der Sasso di Stria, den „wegen seiner Lage und Gangbarkeit keiner mochte". Die Erkundung des Berges brachte die Erkenntnis, dass es der Artillerie von dort aus sehr gut möglich war, die feindlichen Stellungen einzusehen. So konnten ein Lager der Alpini und eine Gebirgsbatterie der Italiener ausfindig gemacht werden. Daher sollten zwei Geschütze auf dem Sasso di Stria in Stellung gehen. Am 18. Juni 1915 wurden diese im Schutz der Nacht mühevoll auf den Sasso di Stria gebracht. Das Wetter bot sowohl den Vorteil, dass aufziehender Nebel dem Feind jede Sicht nahm, als auch den Nachteil, dass der Aufstieg dadurch erschwert wurde. Am Morgen des 19. Juni standen die Geschütze feuerbereit auf dem Sasso di Stria. Es folgte ein Feuerüberfall auf das Lager der Alpini mit Granat- und Schrapnellfeuer. Eine Alpini-Kompanie wurde alarmiert und versuchte, gegen die Geschütze auf dem Sasso di Stria vorzugehen, allerdings ohne Erfolg. Die Gebirgsbatterie der Italiener wusste zunächst nicht, woher das feindliche Feuer kam, und konnte deswegen nicht in den Kampf eingreifen. Wenig später wurde sie durch die deutschen Geschütze „zum Schweigen gebracht". Italienische Überläufer berichteten, dass das Alpini-Bataillon fast vollständig vernichtet worden war. Unbemerkt vom Feind konnten nach dem Angriff die Geschütze zerlegt und die eigene Stellung zurückgebracht werden. Das Fazit des Berichtes lautet: „Diese artilleristische Unternehmung hatte dem Feind den Mut für die nächste Zeit genommen."[92]

Die Darstellung vermittelt den Eindruck, dass Einheiten des Alpenkorps scheinbar aus dem Nichts erschienen, den Feind angriffen und ihm schwere Verluste beibrachten, ohne dabei selbst eigene Verluste zu erhalten. Somit schienen sie in einer gewissen Weise unbesiegbar, da der Feind gar nicht die Möglichkeit fand, genau festzustellen, woher das Feuer der deutschen Geschütze gekommen war, da die Deutschen die Stellung nach dem Angriff wieder verließen. Zudem spielt der Umstand eine wichtige Rolle, dass diese Geschichte sich zu Beginn des Feldzuges in Tirol ereignete. Die deutschen Batterien hatten noch keine weitere

Erfahrung mit dem Einsatz im Gebirge gesammelt. Allerdings wurde die Bewährungsprobe „glänzend bestanden". Daher wird der Eindruck vermittelt, dass es umso bemerkenswerter erscheint, dass die unerfahrene deutsche Batterie so erfolgreich gewesen ist.

Weitgehend sachlich bleibt die Darstellung des Bayerischen Kriegsarchivs in „Die Bayern im Großen Kriege 1914–1918" über den Einsatz des Alpenkorps in Tirol. Auf drei Seiten werden der Einsatz kurz zusammengefasst sowie die wichtigsten Ereignisse genannt. Dennoch findet sich in dieser Ausführung eine typische Äußerung, wie sie häufig in Erinnerungsliteratur des Ersten Weltkrieges vorkommt. In einem Bericht über die schweren Kämpfe im Dreizinnengebiet Mitte August bis Anfang September 1915 heißt es: „Am 6. September bricht endlich der letzte große Anlauf des Feindes vor der ganzen Front des b.I.L.R. [bayerisches Infanterie-Leibregiment, Anm. d. Verf.] nieder; allein an diesem Tag bedeckten 800 Italiener tot die Berghänge, 400 wanderten in Gefangenschaft."[93]

An dieser Aussage wird deutlich, dass das Bayerische Infanterie-Leibregiment scheinbar allein an jenem 6. September 1915 ein ganzes Bataillon (ca. 1000 Mann) geschlagen hatte. Über eigene Verluste wird dagegen nicht berichtet. Gegnerische Verlustzahlen wurden zumeist viel höher dargestellt, als diese tatsächlich waren, um die eigene Stärke zu betonen. Ein solcher Bericht begünstigt ferner das Bild eines scheinbar „unbesiegbaren" Alpenkorps.

Abschließend bleibt festzuhalten, dass die geschilderten Beispiele in jedem Fall zu dem „Mythos" beigetragen haben, mit welchem das Alpenkorps umgeben wurde. Die Autoren versahen die Soldaten des Alpenkorps mit Prädikaten, welche sie als etwas Besonderes hervorhoben. Es wurde ihnen nachgesagt, dass sie scheinbar „unbesiegbar" wären, eine elitäre Truppe, die nach kurzer Eingewöhnungsphase ihre unterschiedlichen Aufgaben im Hochgebirgskrieg durchweg erfolgreich bewältigte. Es erfolgte ebenso eine häufig positive Betonung der soldatischen Tugenden der deutschen Truppe. Dies führte ferner dazu, dass manche Autoren eine gewisse Bewunderung für die deutschen Soldaten hegten. In welchem Maß die zitierte Literatur dafür verantwortlich ist, dass das Alpenkorps mit einem „Mythos“ umgeben wurde, muss vorerst offenbleiben.

## Das Bild des Alpenkorps im Film („Standschütze Bruggler“)

Nicht nur in der Literatur, sondern auch im Film lassen sich Zeugnisse über das Alpenkorps während seines Einsatzes in Tirol finden. So beinhaltet der Film „Standschütze Bruggler“ von 1936 ebenfalls Szenen, in denen Einheiten des Alpenkorps dargestellt werden. Der Film basiert auf dem gleichnamigen Roman von Anton Graf Bossi-Fedrigotti, welcher 1934 erstmals erschien. Im Mittelpunkt des Buches und des Films steht das Tiroler Standschützenwesen, das am Beispiel des 16-jährigen Standschützen Anton „Toni“ Bruggler verkörpert wird. Anton Bruggler stellt keine vollkommen fiktive, aber auch keine autobiografische Figur Bossi-Fedrigottis dar, sondern entstand vielmehr aus den Kindheitserinnerungen des Autors. Bossi-Fedrigotti wurde 1901 in Innsbruck geboren, verbrachte aber seine Jugend zum Großteil in Toblach im Pustertal. Somit erlebte er den Krieg aus nächster Nähe, da die Front unweit von Toblach verlief.

Bossi-Fedrigottis Buch wurde schon kurz nach seinem Erscheinen von den Nationalsozialisten in die Reihe der „100 Bücher der Bewegung“ aufgenommen, weil dessen Inhalt vor allem das Soldatentum und die Standhaftigkeit des Tiroler Volkes verherrlichte. Bossi-Fedrigotti war selbst seit Mai 1933 Mitglied der SA und der NSDAP. Während der nationalsozialistischen Herrschaft arbeitete er als Legationsrat im Auswärtigen Amt sowie als Schriftsteller, der vor allem patriotische Romane schrieb, die sich hauptsächlich mit österreichischer, Tiroler und deutscher Geschichte befassten. Nach 1945 schrieb er für das Deutsche Soldatenjahrbuch und war Verfasser von Jugendromanen. 1990 starb Anton Graf Bossi-Fedrigotti in Pfaffenhofen an der Ilm.

„Standschütze Bruggler“ war auch aus dem Hintergrund verfasst worden, dass die Handlung später verfilmt werden würde. Dies geschah

Anfang 1936 im Auftrag der UFA. Der Film konnte allerdings weder am Originalschauplatz in Südtirol noch in den österreichischen Alpen gedreht werden, da die deutschen Beziehungen zu Italien und Österreich 1936 noch nicht eng genug waren. Deshalb fiel die Wahl für die Dreharbeiten auf das Wendelstein- und Zugspitzgebiet. Während der Dreharbeiten wurden immer wieder Zeitungskommentare verfasst, die dem Leser einen Eindruck von dem bevorstehenden Film geben sollten. Beispielsweise schreibt die Jenaische Zeitung am 26. März 1936, dass der Film den Österreicher zeigt,

> *„der im Weltkrieg seine Pflicht wie jeder deutsche Soldat getan hat. Man soll erkennen, daß nicht der ‚brave Soldat Schwejk', dieses böse Zerrbild eines Soldaten, der Österreicher an sich war, sondern der seiner soldatischen Verantwortung und seiner deutschen Sendung bis ins Tiefste bewußte Deutsch-Österreicher, ein guter, mutiger und opferwilliger Soldat."*[94]

Darüber hinaus ist der gesamte Film durch den „Anschlussgedanken" geprägt, dass Österreich wieder an das Deutsche Reich angegliedert werden soll. Dies wird zum einen durch die deutsche Waffenhilfe verdeutlicht, zum anderen durch die immerfort währende Betonung des „Deutschen". Dies drückt sich beispielsweise in der Schlussszene des Filmes aus. Die Standschützen werden bei einer Parade besichtigt. Beim Vorbeimarschieren an den Offizieren, welche die Parade abnehmen, werden die alten Standschützen in einem zackigen Stechschritt gezeigt.

Der Film weist somit zwei Grundtendenzen auf. Zum einen soll das scheinbar schlechte Bild des österreichischen Soldaten des Ersten Weltkrieges revidiert und zurechtgerückt werden, in dem der Film die Leistungen und den Opfermut der Standschützen hervorhebt. Zum anderen wird der „Anschlussgedanke" stark betont, indem der Film die deutsche Waffenhilfe durch das Alpenkorps und die Zusammengehörigkeit der beiden Staaten (Deutschland und Österreich) hervorhebt. Jedoch verfilmte die UFA „Standschütze Bruggler" rein aus deutscher Sicht, da 1934–1936 an einen Anschluss Österreichs an das Deutsche

Reich nicht zu denken gewesen war. Daher verwundert es nicht, dass der Film von den Nationalsozialisten immer wieder als Propagandafilm verwendet wurde, nicht zuletzt um die Anschlussbewegung in Österreich voranzutreiben.

Die Szenen, in denen Soldaten des Alpenkorps gezeigt werden, sind in Bezug auf den gesamten Film relativ kurz gehalten. Des Weiteren finden sich die verfilmten Szenen nicht in der Romanvorlage. In Bossi-Fedrigottis Roman kommen lediglich zwei deutsche Fliegeroffiziere vor, die sich am Abtransport von verwundeten Standschützen aus einer Höhenstellung beteiligen. Es ist davon auszugehen, dass versucht wurde, die Szenen, in der das Alpenkorps als scheinbarer Retter der Situation dargestellt wird, lediglich an die historische Situation anzulehnen.

Die Vorgeschichte besteht darin, dass Anton Bruggler bei einem Patrouillengang von den Italienern gefangen genommen wurde. Er wird von einem italienischen Offizier verhört, gibt aber keine Auskunft. Allerdings erfährt er, dass ein Angriff auf die Stellungen seiner „Hochbrunner Standschützen" unmittelbar bevorsteht. Als Toni (die Abkürzung seines Namens wird fast ausschließlich benutzt) überführt werden soll, gelingt es ihm, zu fliehen. Nun beginnt die eigentliche Szene. Auf dem Weg zu den eigenen Stellungen trifft er auf deutsche Soldaten. Während er dem herbeigerufenen deutschen Hauptmann die Situation schildert, schlagen bereits in der Nähe die ersten Granaten ein. Als Toni Bruggler erklärt, dass er eine Stelle kennt, von der aus die Italiener in der Flanke beschossen werden können, entschließt sich der Hauptmann dazu, ihm ein Maschinengewehr und drei Mann als Bedienung zu geben. Es folgt der Aufstieg der Gruppe. Die übrigen Deutschen begeben sich ebenfalls zu der bedrohten Stellung.

Nun liegt das Hauptaugenmerk des Filmes auf dem Angriff der Italiener, welcher mit starkem Artilleriebeschuss eingeleitet wird. Das Bild wechselt nun in schnellen Schnitten zwischen einer Totalen, die eine österreichische Stellung zeigt, und einem Unterstand, in dem die Standschützen auf das Ende des Beschusses warten. Dies steigert sich dahin gehend, dass in noch schnellerer Schnittfolge ein Granateneinschlag auf das Gesicht eines Standschützen folgt. Kurz darauf beginnt die Alarmierung der Standschützen, wonach diese anfangen, die Verteidigungslinie zu besetzen. Die anstürmenden Alpini greifen die österreichische Stellung an. Die italienische Offensive steigert sich zu einer bedrohlichen Stärke. Schließlich sagt Schützenleutnant Bauer zu Schützenhauptmann Theißen, während beide Handgranaten werfen: „Wenn keine Hilfe kommt, sin mer verloren." Wenig später schießt plötzlich ein Maschinengewehr, worauf der Standschützenhauptmann zu dem immer noch neben ihm liegenden Leutnant spricht: „Du, die Italiener kriegen Flankenfeuer. Da fetzt ein Maschinengewehr eina." In kurzer Schnittfolge werden Szenen gezeigt, in denen das schießende Maschinengewehr, die gefallenen Italiener und die herannahende deutsche Verstärkung zu sehen sind. Dazu setzt erhabene, triumphierende Musik ein, welche die „Rettung" durch die Deutschen ankündigt. Schließlich folgt eine Totale, in der die heranstürmenden Deutschen gezeigt werden, wie sie zu den verbliebenen Standschützen stoßen. Im gemeinsamen Abwehrfeuer wird der italienische Angriff endgültig zum Stehen gebracht, sodass die Italiener sich zurückziehen müssen. Die Schlussszene bildet die Gegenüberstellung des Standschützen-Hauptmanns mit dem Hauptmann des Alpenkorps (genau durch das Edelweiß am Helm zu erkennen). Dabei sagt der Standschützenhauptmann: „Kamerad, das werden wir Euch nie vergessen."

An dieser Szene wird klar, dass die Soldaten des Alpenkorps die Situation durch ihr Eingreifen gerettet haben. Scheinbar aus dem Nichts greift eine große und frische Anzahl an Männern in die Schlacht ein. Erst durch deren Ankunft wird der Angriff der Italiener abgeschlagen. Die gute Ausstattung der Deutschen hat zu einem großen Teil zu diesem Sieg beigetragen, da die Standschützen selbst über keine schweren Waffen (wie zum Beispiel Maschinengewehre) verfügten. Ebenfalls wird klar, dass der Feind gemeinsam bezwungen wurde. In diesem Zusammenhang wird darüber hinaus auf die Erinnerung verwiesen („Kamerad, das werden wir Euch nie vergessen"). Die beiden letzten Punkte veranschaulichen das Zusammengehörigkeitsgefühl zwischen den Österreichern und den Deutschen und sollen dies gezielt fördern.

**„Kamerad, das werden wir euch nie vergessen" – Schützenhauptmann Theißen bedankt sich bei seinem deutschen Kameraden für die geleistete Hilfe.**

Nicht zuletzt tragen solche Darstellungen dazu bei, dass den Einheiten des Alpenkorps etwas Besonderes nachgesagt wird und sie einen eigenen „Nimbus" besitzen.

Auch wenn es nicht ganz ausgeschlossen werden kann, ist wenig darüber bekannt, dass deutsche Truppen, wie in der erwähnten Szene dargestellt, als direkte Verstärkung der Standschützen an einer gefährdeten Frontstelle in den Kampf eingegriffen haben. Zu Beginn des Einsatzes in Tirol wurde das Alpenkorps nur als Schlagreserve zurückgehalten. Erst nach und nach ging die Einschiebung der Männer in die Front vonstatten. Sehr oft lösten Einheiten des Alpenkorps die überlasteten Standschützen ab und besetzten die Stellungen, bis sie ihrerseits wieder von den Standschützen abgelöst wurden. Es gab zwar gemischte Stellungsbesatzung (Deutsche und Standschützen), allerdings ist bei diesen nicht davon auszugehen, dass sich ähnliche Szenen ereignet haben, wie sie der Film zeigt. Es kann davon ausgegangen werden, dass die erwähnte Szene nur teilweise der Wirklichkeit entspricht.

# Schlussbetrachtung

2015 begeht die deutsche Gebirgstruppe ihr 100-jähriges Bestehen. Im Zuge dessen rücken auch die Aufstellung des Alpenkorps und der erste „Einsatz in Tirol“ von Mai bis Oktober 1915 in den Fokus. Allerdings spielt dieses Ereignis, ebenso wie der italienische Intervento, in der Weltkriegesforschung bedauerlicherweise nach wie vor mit wenigen Ausnahmen nur eine geringe Rolle und wird weiterhin nur als „Nebenkriegsschauplatz“ behandelt.

Das vorliegende Buch hat sich ausführlich mit dem Beginn der deutschen Gebirgstruppe in Form des Alpenkorps, sowie den historischen Rahmenbedingungen beschäftigt. Es wurde dabei der Frage nachgegangen, wie sich der „Mythos Alpenkorps“ gerade in Bezug auf die Erinnerung äußert und wie dieser zu bewerten ist.

Dem Leser wurde verdeutlicht, dass man vor dem Ersten Weltkrieg im Deutschen Reich aus mehreren Gründen keine Notwendigkeit für eine eigene Gebirgstruppe sah. Dass sich diese Annahme als Fehleinschätzung erweisen würde, zeigte sich spätestens im Winter des Jahres 1914/15: Europäische Nachbarn wie beispielsweise Frankreich hatten schon zu Beginn des 20. Jahrhunderts begonnen, eigene Verbände für den Kampf im Gebirge aufzustellen. Deutsche Truppen mussten an der Vogesenfront den skilaufkundigen und im Gebirge erfahrenen „Chasseurs alpins“ (franz. Alpenjäger) ohne äquivalente Ausbildung und Ausrüstung begegnen. Somit sorgte erst die Notwendigkeit des Krieges dafür, dass die Vorstufe der deutschen Gebirgstruppe in Form von vier Schneeschuhbataillonen und einer Schneeschuhkompanie im Winter 1914/15 an die Front gesandt wurden.

Nach den misslungenen Verhandlungen zwischen Österreich-Ungarn und Italien im Frühjahr 1915 beschloss man wenige Tage vor dem italienischen Intervento von deutscher Seite aus die Aufstellung eines „Alpenkorps“. Dies geschah, um dem Verbündeten für einen eventuellen italienischen Angriff die nötige Hilfe zu leisten, aber auch um das eigene Territorium zu schützen. Das Alpenkorps wurde daraufhin in aller Eile aus deutschen Eliteverbänden gebildet, die Hälfte der Männer kam aus Bayern. Unter der Führung des bayerischen Generalleutnants Konrad Krafft von Dellmensingen sammelte sich die Einheit zunächst auf dem Truppenübungsplatz Lager Lechfeld bei Augsburg, wo der Beginn der Gebirgsausbildung vorgesehen war. Da ein italienischer Angriff allerdings täglich erwartet wurde, erfolgte der sofortige Bahntransport in die bedrohten Gebiete nach Südtirol, ohne Ausbildung der Männer. Zunächst sollten die Deutschen als Reserve für einen italienischen Frontdurchbruch zurückgehalten werden. Da dieser aber ausblieb und die wenigen österreichisch-ungarischen Kräfte aufgrund von Überlastung dringend Ablösung benötigten, erfolgte schon bald der Einschub deutscher Soldaten direkt in die Front. Hierbei spielte der Fakt eine Rolle, dass sich Deutschland mit Italien nicht im Kriegszustand befand und es den Soldaten des Alpenkorps durch kaiserlichen Befehl verboten war, italienisches Gebiet zu betreten. Weil der „Einsatz in Tirol" sehr ruhig verlief und die Männer des Alpenkorps im Vergleich zu späteren Einsätzen nur wenige Verluste erlitten, waren dies ideale Voraussetzungen, um die eigentliche Gebirgsausbildung zu vervollkommnen. Ein italienischer Frontdruchbruch erfolgte zu keiner Zeit.

Ferner wird im Buch in einem Exkurs die sogenannte „deutsch-österreichische Waffenbrüderschaft" beleuchtet. Nach den offiziellen Darstellungen herrschte zwischen den einfachen Soldaten, aber auch den Offizieren, eine einhellige und nahezu harmonische Kameradschaft. Wendet man hingegen den Blick in private Aufzeichnungen, etwa in die des Generals von Krafft, zeigt sich ein anderes Bild, welches vor allem von Ablehnung und scharfer Kritik geprägt ist. Derartiges wurde während des Krieges allerdings nie öffentlich geäußert, sodass das „saubere" Bild der „Waffenbrüderschaft" nach außen hin makellos blieb. Ein zweiter Exkurs widmete sich dem Edelweißabzeichen und zeigt dessen Bedeutung und Besonderheit für das deutsche Heer, in dem derartige Auszeichnungen unüblich waren. 2015 wird dieses Abzeichen 100 Jahre alt. Es stellt damit eine bemerkenswerte Kontinuität vom Alpenkorps, über die Gebirgsjäger der Wehrmacht bis hin zu den Gebirgsjägern der Bundeswehr dar, welche das Abzeichen noch immer in der gleichen Weise an ihren Bergmützen tragen, wie die Soldaten des Alpenkorps 1915.

Schlussendlich verdeutlicht das Buch anhand ausgewählter zeitgenössischer Literatur sowie dem Film „Standschütze Bruggler", welches Bild in der Erinnerung über das Alpenkorps konstruiert und wie damit der „Mythos Alpenkorps" geschaffen wurde. Die Männer des Alpenkorps schienen unbesiegbar, waren sofort wie aus dem „Nichts" an der Front zur Stelle und immer sehr gut ausgerüstet sowie ausgebildet. Es konnte gezeigt werden, dass dieses Bild nur teilweise der Wahrheit entsprach. Gleichfalls legten vor allem Autoren nach 1933 gehobenen Wert auf einen völkisch-rassischen Gedanken und die gemeinsame Verteidigung des „deutschen Südens". Nicht zuletzt lässt sich oftmals der starke Wunsch nach dem Anschluss Österreichs an das Deutsche Reich feststellen, wie „Standschütze Bruggler" (1936) veranschaulicht.

Die Zeit zwischen Mai und Oktober 1915 bildete die Grundlage für die weiteren Verwendungen des Alpenkorps im Ersten Weltkrieg und ließen es so zu einer „vollwertigen" Gebirgstruppe werden. Die erste deutsche Gebirgstruppe zählte dabei stets zu den Eliteeinheiten des deutschen Heeres, sodass weitere Einsätze in Serbien, vor Verdun, in Rumänien und schließlich erneut gegen Italien folgten. Mit Kriegsende 1918 wurde das Alpenkorps demobilisiert.

Taufers
Meran
Schlanders
Klause
Stilfser Joch
RAYON I
Ortler
ÖSTERREICH
Bozen
Südtirol
Malè
Tonale
Auer
RAYON II
Tonalepass
Cavalese
Fleimstal
Mezzolombardo
RAYON III
Tione
Borgo
Trient
Levico
Arco
Rovereto
Riva
Lusern
Storo
ITAL
Ala
Pasubio
Gardasee

**Der Frontverlauf in Tirol (1915–1918)**
Die Front war in fünf Hauptabschnitte (Rayons) unterteilt:

**Rayon I: Ortler**
**Rayon II: Tonale**
**Rayon III: Südtirol**
**Rayon IV: Fleimstal**
**Rayon V: Pustertal**

**Staatsgrenze**
**Frontverlauf**
**Rayonsgrenze**

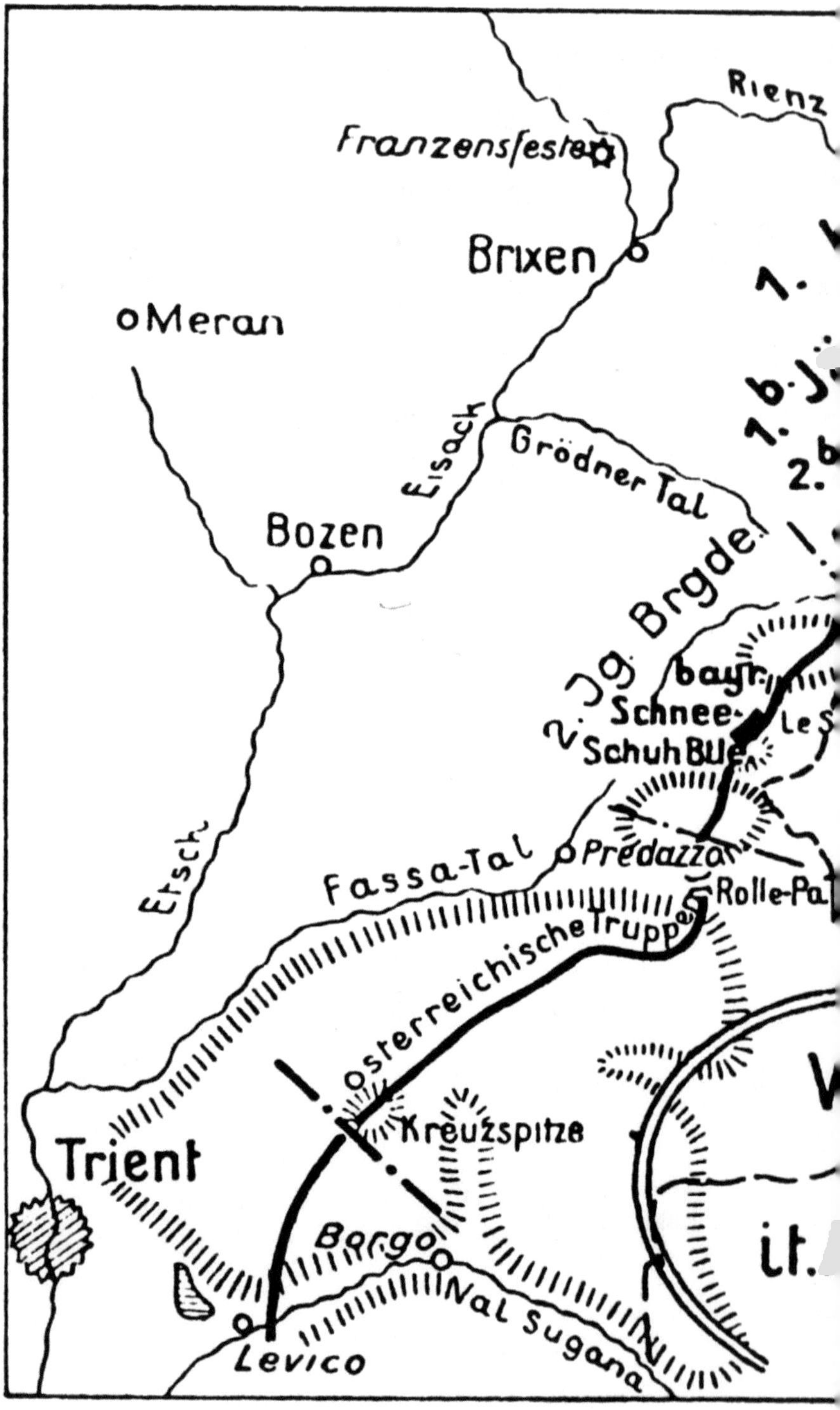

Rienz
Franzensfeste
Brixen
Meran
Eisack
Grödner Tal
Bozen
2. Jg. Brgde.
bayr. Schnee-Schuh Btl.
Fassa-Tal
Predazzo
Rolle-Pa
österreichische Truppen
Etsch
Kreuzspitze
Trient
Borgo
Val Sugana
Levico

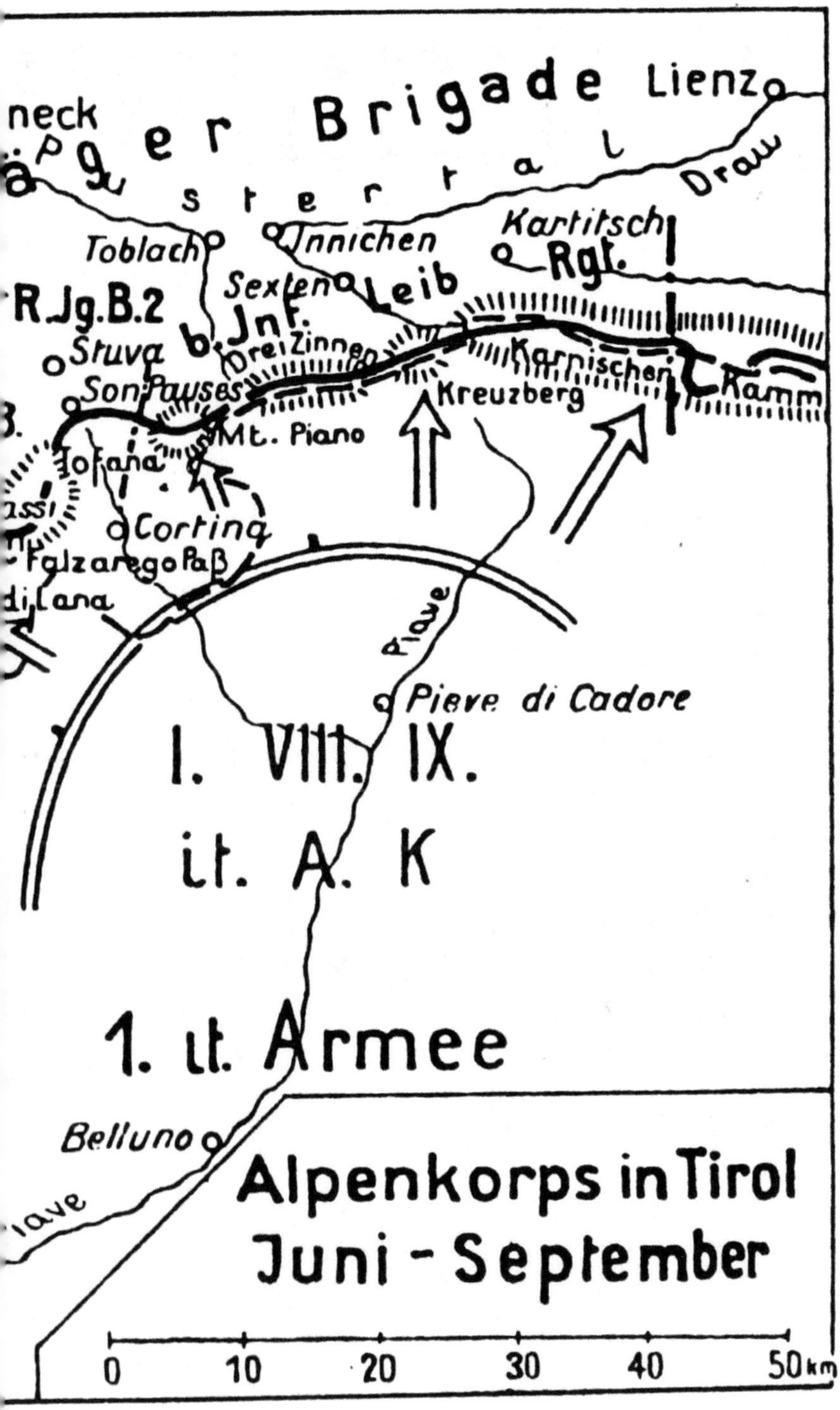

neck
äger Brigade
Lienz
Pustertal
Drau
Toblach
Innichen
Kartitsch
Rgt.
Sexten
Leib
R.Jg.B.2
b. Jnf.
Stuva
Drei Zinnen
Karnischen
Son Pauses
Kreuzberg
Kamm
Mt. Piano
Tofana
Cortina
Falzarego Paß
di Lana
Piave
Pieve di Cadore
I. VIII. IX.
it. A. K
1. it. Armee
Belluno
Piave

# Alpenkorps in Tirol Juni - September

0 10 20 30 40 50 km

# Anmerkungen

1 Afflerbach, Holger: Vom Bündnispartner zum Kriegsgegner. Ursachen und Folgen des italienischen Kriegseintritts im Mai 1915, in: Kuprian, Hermann J. W./Überegger, Oswald (Hrsg.): Der Erste Weltkrieg im Alpenraum. Erfahrung, Deutung, Erinnerung, Innsbruck 2006, S. 22.

2 Pantenius, Hans Jürgen: Der Angriffsgedanke gegen Italien bei Conrad von Hötzendorf. Ein Beitrag zur Koalitionskriegsführung im Ersten Weltkrieg, Bd. 1, Köln/Wien 1984, S. 599.

3 Pichler, Cletus: Der Krieg in Tirol 1915/1916 (= Geschichte Tirols 1848–1916, Bd. 1), Innsbruck 1924, S. 16. Pichler war ferner Feldmarschallleutnant d. R.

4 Überegger, Oswald/Rettenwander, Matthias: Leben im Krieg. Die Tiroler „Heimatfront" im Ersten Weltkrieg, Bozen 2004, S. 39.

5 KA NL Krafft 153 Kriegstagebuch Tirol 20.5.–12.10.1915.

6 Ebd.

7 Afflerbach, Bündnispartner, S. 16.

8 Langes, Gunther: Die Front in Fels und Eis. Der Weltkrieg 1914–1918 im Hochgebirge, 10. Aufl., Bozen 1994, S. 15.

9 Kabisch, Ernst: Helden in Fels und Eis. Bergkrieg in Tirol und Kärnten, Stuttgart 1937, S. 8.

10 KA Alpenkorps 90: Anlagen zum Kriegstagebuch Juni – September 1915.

11 Langes, Front, S. 20

12 Schemfil, Viktor: Col di Lana. Genaue Geschichte der Kämpfe (1915–1917) um den heißestumstrittenen Berg der Dolomiten, verfasst auf Grund österreichischer Truppenakten und authentischer Berichte sowie italienischer kriegsgeschichtlicher Werke (= Schriftenreihe zur Zeitgeschichte Tirols, Bd. 3), Neudruck der Aufl. von 1935, Nürnberg o. J.

13 Schalek, Alice: Tirol in Waffen. Kriegsberichte von der Tiroler Front, München 1915, S. 53 f. Alice Schalek war eine begeisterte Kriegsberichterstatterin, welche den Krieg in Südtirol mehr als ein großes Abenteuer schildert als einen Krieg, in welchem gelitten und gestorben wurde. Vgl. Džambo, Jozo: Armis et litteris – Kriegsberichterstattung, Kriegspropaganda und Kriegsdokumentation in der k.u.k. Armee 1914–1918, in: Ders. (Hrsg.): Musen an die Front! Schriftsteller und Künstler im Dienst der k.u.k. Kriegspropaganda, Teil 1, München 2003, S. 18.

14 Hebert, Günther: Das Alpenkorps. Aufbau, Organisation und Einsatz einer Gebirgstruppe im Ersten Weltkrieg (= Wehrwissenschaftliche Forschungen, Bd. 33), Boppard am Rhein 1988, S. 28.

15 Ebd., S. 18.

16 Konrad Krafft von Dellmensingen zit. nach: Müller, Thomas: Konrad Krafft von Dellmensingen (1862–1953). Porträt eines bayerischen Offiziers (= Materialien zur bayerischen Landesgeschichte, Bd. 16), München 2002, S. 26.

17 Ebd., S. 267.

18 KA NL Krafft 153: Kriegstagebuch Tirol 20.5.–12.10.1915.

19 Ebd.

20 Krafft in einem Brief an seine Frau vom 10. Juli 1915, zit. nach: Müller, Konrad Krafft von Dellmensingen, S. 404.

21 KA NL Krafft 153 Kriegstagebuch Tirol 20.5.–12.10.1915.

22 Ebd.

23 Reich, Albert: Unser deutsches Alpenkorps in Tirol. Ein Erinnerungswerk, Dießen o. J., S. 5.

24 KA Alpenkorps 825: Liebesgaben.

25 KA NL Krafft 153: Kriegstagebuch Tirol 20.5.–12.10.1915.

26 KA Alpenkorps 94: Morgen- und Abendmeldungen 28.5.–8.6.1915.

27 Ebd.

28 KA Alpenkorps 147: Tagesbefehle 9.6.–24.8.1915.

29 KA NL Krafft 153: Kriegstagebuch Tirol 20.5.–12.10.1915.

30 Ebd.

31 Aldo Valori, zit. nach: Fröhlich, Eduard: Der Kampf um die Berge Tirols in österreichischer und italienischer Darstellung, Bregenz 1932, S. 21.

32 KA NL Krafft 153: Kriegstagebuch Tirol 20.5.–12.10.1915.

33 KA Alpenkorps 554: Unterkunft, Allgemeines und Besonderes.

34 Hebert, Alpenkorps, S. 80.

35 KA Alpenkorps 147: Tagesbefehle 9.6.–24.8.1915.

36 Befehl für den 6. Juni 1915: Wurde wohl aber nie erteilt, da er im Original durchgestrichen ist. KA NL Krafft 75: Entwürfe und Berichte, Feldzug gegen Italien 20.5.–13.10.1915.

37 Feldpostkarte des Gefreiten Brunken an eine Bekannte vom 14.6.1915, Sammlung Andreas Kammlodt (Limburg a.d. Lahn).

38 Feldpostkarte des Soldaten Bernhard Himmler an seinen Onkel vom 30.6.1915, Sammlung Immanuel Voigt (Jena).

39 Feldpostkarte des Fahrers Fritz Haslmayr an einen befreundeten Förster vom 25.6.1915, Sammlung Brett Butterworth (Melbourne, Australien).

40 Feldpostkarte des Soldaten Philipp Mehling an einen Freund vom 31.7.1915, Sammlung Andreas Kammlodt (Limburg a.d. Lahn).

41 Feldpostkarte eines unbekannten Soldaten an seinen Onkel vom 28.11.1915, Sammlung Andreas Kammlodt (Limburg a.d. Lahn).

42 Ebd.

43 Brief des Sergeanten Bernhard Wolter an seine Schwester vom 6.8.1915, Sammlung Immanuel Voigt (Jena).

44 Zit. nach: Heyl, Gerhard: Das Edelweiß, in: Aichner, Ernst (Hrsg.): Deutsche Gebirgstruppen vom 1. Weltkrieg bis zur Gegenwart (= Veröffentlichungen des Bayerischen Armeemuseums, Bd. 6), Ingolstadt 1983, S. 9.

45 Ebd.

46 KA Alpenkorps 147: Tagesbefehle 9.6.–24.8.1915.

47 KA Alpenkorps 441: Wochenberichte und Erfahrungen im Hochgebirge.

48 Ebd.

49 Ebd.

50 Ebd.

51 Heyl, Alpenkorps, S. 18.

52 KA Alpenkorps 441: Wochenberichte und Erfahrungen im Hochgebirge.

53 KA Alpenkorps 90: Anlagen zum Kriegstagebuch Juni–September 1915.

54 Ebd.

55 Jaruschek, Holger: Das deutsche Alpenkorps an der Dolomitenfront 1915. Manuskript o.O. o. J., S. 114.

56 Trutter, Hans: Einführung, in: Reich, Albert: Dolomitenwacht. Ein Werk zur Erinnerung an die gemeinsame Verteidigung Tirols durch österreichische und deutsche Truppen, Dießen o. J., S. 14 f.

57 Langes, Front, S. 13.

58 Mörl, Anton von: Standschützen verteidigen Tirol 1915–1918, Innsbruck 1958, S. 41.

59 Ebd., S. 37.

60 Hartungen, Christoph von: Die Tiroler und Vorarlberger Standschützen – Mythos und Realität, in: Eisterer, Klaus/ Steininger, Rolf (Hrsg.): Tirol und der Erste Weltkrieg (= Innsbrucker Forschungen zur Zeitgeschichte, Bd. 12), Innsbruck/Wien 1995, S. 68.

61 KA NL Krafft 153: Kriegstagebuch Tirol 20.5.-12.10.1915.

62 Krafft in einem Brief an seine Frau vom 10. Juli 1915, zit. nach: Müller, Konrad Krafft von Dellmensingen, S. 407.

63 KA NL Krafft 153: Kriegstagebuch Tirol 20.5.-12.10.1915.

64 Burtscher, Guido: Das deutsche Alpenkorps unter der Führung des Generals Konrad Krafft von Dellmensingen, Bregenz 1939, S. 10.

65 KA NL Krafft 153: Kriegstagebuch Tirol 20.5.-12.10.1915.

66 KA Alpenkorps 85: Operationsbefehle 26.5.-19.6.1915.

67 Ebd.

68 Waldner, Hansjörg: „Deutschland blickt auf uns Tiroler". Südtirol-Romane zwischen 1918 und 1945, Wien 1990, S. 34.

69 Waldner, Hansjörg: Waffenbrüderschaft an der Dolomitenfront, in: Amann, Klaus/Lengauer, Hubert (Hrsg.): Österreich und der Große Krieg 1914–1918. Die andere Seite der Geschichte, Wien 1989, S. 227.

70 Breitenacher, Martin: Das Alpenkorps 1914–1918, Berlin 1939, S. 8.

71 Ebd., S. 16.

72 Ebd., S 8.

73 Trenker, Luis: Sperrfort Rocca Alta, Berlin 1937, S. 150. Bei dem angesprochenen Hauptmann Rose handelt es sich um den Batteriechef der Preußischen Fußartillerie-Batterie 102.

74 Mörl, Standschützen, S. 35.

75 Reich, Alpenkorps, S. 16.

76 Burtscher, Alpenkorps, S. 10.

77 Trutter, Einführung, S. 5.

78 Bossi-Fedrigotti, Anton Graf: Tirol bleibt Tirol, München 1935, S. 242.

79 Springenschmid, Karl: Die Front über den Gipfeln. Geschichten aus dem Krieg in den Alpen, 5. Aufl., Potsdam 1935, S. 20 und 23.

80 Ebd., S. 26.

81 Kabisch, Helden, S. 17f.

82 Ebd., S. 22.

83 Czibulka, Alfons von: Kampf in den Bergen. Heldentaten unserer Soldaten an der Alpenfront, Stuttgart 1939, S. 35f.

84 Ebd., S. 38.

85 Ebd., S. 41.

86 Ebd., S. 43.

87 Ebd., S. 48.

88 Kleberg, Contag von: Kämpfe deutscher Jäger in den Felsen der Dolomiten, in: Langes, Gunther: Die Front in Fels und Eis. Der Weltkrieg 1914–1918 im Hochgebirge, 10. Aufl., Bozen 1994, S. 88.

89 Ebd.

90 Ebd., S. 89.

91 Krafft von Dellmensingen, Konrad/ Feeser, Friedrich Franz: Das Bayernbuch vom Weltkriege. Ein Volksbuch, Bd. 2, Stuttgart 1930, S. 171.

92 Ebd., S. 173.

93 Bayerisches Kriegsarchiv (Hrsg.): Die Bayern im Großen Kriege 1914–1918. Auf Grund der Kriegsakten dargestellt, München 1923, S. 214.

94 Jenaische Zeitung, 26.3.1936.

# Anhang

**Kriegsgliederung des Alpenkorps für den Einsatz in Tirol 1915**

**Infanterie**

Bayerische Jäger-Brigade Nr. 1
- Bayerisches Infanterie-Leibregiment
- Bayerisches Jäger-Regiment Nr. 1
  - 1. Bayerisches Jägerbataillon
  - 2. Bayerisches Jägerbataillon
  - Reserve-Jägerbataillon Nr. 2

Jäger-Brigade Nr. 2
- Jäger-Regiment Nr. 2
  - Großherzoglich-Mecklenburgisches Reserve-Jägerbataillon 14
  - Hannoversches Jägerbataillon 10
  - Hannoversches Reserve-Jägerbataillon 10

Jäger-Regiment Nr. 3
- Bayerisches Schneeschuhbataillon 1
- Badisches Schneeschuhbataillon 2
- Preußisches Schneeschuhbataillon 3
- Bayerisches Schneeschuhbataillon 4

**Maschinengewehr-Verbände**

Reserve-Maschinengewehr-Abteilung 4

Preußische Gebirgs-Maschinengewehr-Abteilungen 201–205

Bayerische Gebirgs-Maschinengewehr-Abteilungen 206–209

Preußische Gebirgs-Maschinengewehr-Abteilung 210

**Artillerie**

Garde-Fußartillerie-Batterie 101 (am 10. August 1915 umbenannt in 104)

Preußische Fußartillerie-Batterie 102

Preußische Feldartillerie-Abteilung 203

Garde-Feldartillerie-Abteilung 204

Bayerische Gebirgs-Kanonen-Abteilung 2 (ab 15. August 1915 umbenannt in „Gebirgs-Artillerie-Abteilung 2“)

Preußische Gebirgs-Kanonen-Abteilung 1 (6. Juli–12. September 1915)

Preußische Feldartillerie-Abteilung 187 (ab 9. September 1915)

**Kavallerie**

3. Eskadron des Bayerischen 4. Chevaulegers-Regiments König

**Fliegertruppe**

Bayerische Feldfliegerabteilung Nr. 9 (bis 9. August 1915)

**Sanitätstruppe**

Großherzoglich-Hessische Sanitätskompanie 101 (später 201)

**Fernmeldetruppe**

Signaltruppe 1–4

Schwere Funkstation Nr. 40

Leichte Funkstationen Nr. 6, Nr. 12 und Nr. 15

Gebirgs-Fernsprech-Abteilung 29

Signaltruppe 5–8 (ab 6. August 1915)

**Pioniere**

Preußische Pionier-Kompanie 101

Bayerische Pionier-Kompanie 102

Bayerische Pionierparkkompanie 9

Bayerische Pionier-Kompanie 106 (ab 17. Juli 1915)

Preußische Pionier-Kompanie 105 (ab 24. Juli 1915)

Bayerische Pionierparkkompanie 13 (ab 4. September 1915)

Preußischer Scheinwerfer-Zug 101

Bayerischer Scheinwerfer-Zug 102

**Minenwerfer**

Bayerische Gebirgs-Minenwerfer-Abteilungen 269 und 270

Preußische Gebirgs-Minenwerfer-Abteilungen 271 und 272 (ab 8. Juni 1915)

Preußische Minenwerfer-Abteilungen 191–194 (ab 8. Juni 1915)

Nachschub und Versorgung
Preußischer Staffelstab 142
Infanterie-Munitions-Kolonne 201
Gebirgsartillerie-Munitions-Kolonne 202
Feldartillerie-Munitions-Kolonnen 203 und 204
Fußartillerie-Munitions-Kolonnen 101 und 102
Bayerischer Staffelstab 143
Feldlazarett 201–203
Preußische Feldbäckereikolonne 201
Proviant-Kolonnen 201–203
Bayerisches Pferde-Depots 201

# Abkürzungsverzeichnis

| | | |
|---|---|---|
| AOK | = | Armee-Oberkommando (Österreich-Ungarn) |
| AOK 6 | = | Armee-Oberkommando der 6. Armee „Kronprinz Rupprecht“ |
| Batl./Btl. | = | Bataillon |
| D. Ö. A. V. | = | Deutscher und Oesterreichischer Alpenverein |
| d. R. | = | der Reserve |
| Frh. | = | Freiherr |
| IR | = | Infanterie-Regiment |
| KA | = | Kriegsarchiv (Bayerisches Hauptstaatsarchiv, Abteilung IV) |
| Kdo. | = | Kommando |
| k. u. k. | = | kaiserlich und königlich |
| k. k. | = | kaiserlich-königlich |
| NL Krafft | = | Nachlass Krafft |
| NSDAP | = | Nationalsozialistische Deutsche Arbeiterpartei |
| OHL | = | Oberste Heeresleitung (Deutsches Reich) |
| Ö. U. L. K. | = | Österreich-Ungarns letzter Krieg |
| Reg./Regt. | = | Regiment |
| SA | = | Sturmabteilung |
| UFA | = | Universum Film AG Potsdam-Babelsberg |

# Quellen- und Literaturverzeichnis

## Quellenverzeichnis


**Ungedruckte Quellen**

**Bayerisches Hauptstaatsarchiv Abteilung IV: Kriegsarchiv**

Bestand Alpenkorps:

- KA Alpenkorps 17: Kriegstagebuch Tirol 24.5.–14.10.1915
- KA Alpenkorps 85: Operationsbefehle 26.5.–19.6.1915
- KA Alpenkorps 90: Anlagen zum Kriegstagebuch Juni–September 1915
- KA Alpenkorps 94: Morgen- und Abendmeldungen 28.5.–8.6.1915
- KA Alpenkorps 95: Morgen- und Abendmeldungen 9.6.–19.6.1915
- KA Alpenkorps 102: Telegramme 7.7.1915
- KA Alpenkorps 140: Skizzen aus dem Kriegsgebiet
- KA Alpenkorps 146: Tagesbefehle 16.10.–29.10.1915
- KA Alpenkorps 147: Tagesbefehle 9.6.–24.8.1915
- KA Alpenkorps 441: Wochenberichte und Erfahrungen im Hochgebirge
- KA Alpenkorps 445: Italienische Armee
- KA Alpenkorps 447: Verfügungen
- KA Alpenkorps 554: Unterkunft, Allgemeines und Besonderes
- KA Alpenkorps 563: Feldgendarmerie 1915, Allgemeines und Besonderes
- KA Alpenkorps 624: Geheim-Akte, Persönliche Meldungen 22.6.1915–30.1.1916
- KA Alpenkorps 629: Beschwerden 1915
- KA Alpenkorps 825: Liebesgaben

Handschriftensammlung:

- KA, Handschriftensammlung 1928

Nachlass Krafft:

- KA NL Krafft 75: Entwürfe und Berichte, Feldzug gegen Italien 20.5.–13.10.1915
- KA NL Krafft 153: Kriegstagebuch Tirol 20.5–12.10.1915
- KA NL Krafft 300

**Sammlung Brett Butterworth (Melbourne, Australien)**

- Feldpostkarte des Fahrers Fritz Haslmayr an einen befreundeten Förster vom 25.6.1915

**Sammlung Andreas Kammlodt (Limburg a.d. Lahn)**

- Feldpostkarte des Soldaten Philipp Mehling an einen Freund vom 31.7.1915
- Feldpostkarte eines unbekannten Soldaten an seinen Onkel vom 28.11.1915

**Sammlung Immanuel Voigt (Jena)**

- Feldpostkarte des Soldaten Bernhard Himmler an seinen Onkel vom 30.6.1915
- Brief des Sergeanten Bernhard Wolter an seine Schwester vom 7.8.1915

**Zeitschriften und Zeitschriftenartikel**

BERAUD, Yves: Deutsche Skitruppen 1914/15, in: Internationales Militaria Magazin 80 (1995), S. 15–21.

BUX, Karl: Mit dem Deutschen Alpenkorps in Südtirol, in: Südtirol in Wort und Bild 2 (1968), S. 29–32.

Daheim, Berlin, Jahrgang 1915

Der Landsturm, Ein deutsches Wochenblatt auf Frankreichs Flur, Jahrgang 1915.

Deutsche Kriegszeitung, Berlin, Jahrgang 1915.

Die Gartenlaube, Berlin, Jahrgang 1915

FRANZ, H.: Das Edelweiß, Stolz der Gebirgsjäger einst und jetzt, in: Die Gebirgstruppe 5 (1962), S. 27–30.

Jenaische Zeitung, 26.3.1936.

Kladderadatsch, Berlin, Jahrgang 1915.

KLIETMANN, K. G.: Das Edelweißabzeichen für Hochgebirgstruppenteile des Heeres, in: Die Deutsche Wehrmacht: Uniform und Ausrüstung 1934–1945 2 (1960), S. 1–8.

DERS.: Das Edelweißabzeichen des deutschen Alpenkorps 1915–1918, in: Feldgrau 16 (1968), S. 127–132.

SCHLEGL, Franz: Das Edelweiß – Wahrzeichen der österreichischen und deutschen

Gebirgstruppe, in: Die Gebirgstruppe 26 (1977), S. 38–43.

WACKER, Peter: Das Edelweiß als Abzeichen im Deutschen Heer, in: Zeitschrift für Heeres- und Uniformkunde 155 (1957), S. 91–94.

XYLANDER, Wolf-Dietrich von: Deutsche Gebirgstruppen, in: Militärwissenschaftliche und technische Mitteilungen 58 Sept.-Oktober (1927), S. 583–589.

**Aktenpublikationen und Generalstabswerke**

BAER, Casimir Hermann (Hrsg.): Der Völkerkrieg. Eine Chronik der Ereignisse seit dem 1. Juli 1914. Bd. 8: Zweites Kriegshalbjahr von Februar 1915 bis August 1915. Teil IV: Die Ereignisse an den italienischen Fronten, an den türkischen Fronten und in der Türkei sowie der zweite Teil der Ereignisse in Italien, Stuttgart 1917.

BAYERISCHES KRIEGSARCHIV (Hrsg.): Die Bayern im Großen Kriege 1914–1918. Auf Grund der Kriegsakten dargestellt, München 1923.

KRAFFT VON DELLMENSINGEN, Konrad: Der Durchbruch am Isonzo, Teil I: Die Schlacht von Tolmein und Flitsch, Teil II: Die Verfolgung über dem Tagliamento bis zum Piave (= Schlachten des Weltkrieges, Bde. 12a und 12b), Oldenburg/Berlin 1926.

KRAFFT VON DELLMENSINGEN, Konrad/ FEESER, Friedrich Franz: Das Bayernbuch vom Weltkriege. Ein Volksbuch (3 Bde.), Stuttgart 1930.

KRAUSS, Alfred: Der erste Isonzofeldzug, in: SCHWARTE, Max (Hrsg.): Der Weltkampf um Ehre und Recht. Die Erforschung des Krieges in seiner wahren Begebenheit, auf amtliche Urkunden und Akten beruhend. Bd. 5: Der österreichisch-ungarische Krieg, Leipzig 1922, S. 141–173.

ÖSTERREICHISCHES BUNDESMINISTERIUM FÜR LANDESVERTEIDIGUNG/KRIEGSARCHIV (Hrsg.): Österreich-Ungarns letzter Krieg (Ö. U. L. K.) 1914–1918. Herausgegeben unter der Leitung von Edmund Glaise-Horstenau, Bd. 2. Das Kriegsjahr 1915, Erster Teil, Wien 1931.

PICHLER, Cletus: Der Krieg in Tirol 1915/16 (= Geschichte Tirols 1848–1916, Bd. 1), Innsbruck 1924.

REICHSARCHIV (Hrsg.): Der Weltkrieg 1914–1918. Die militärischen Operationen zu Lande. Bd. 8: Die Operationen des Jahres 1915, Berlin 1932.

SCHÄFER, Hugo: Die Kriegspläne Italiens gegen Österreich-Ungarn, Ergänzungsheft 2, Ö. U. L. K., Wien 1931.

SCHEMFIL, Viktor: Col di Lana. Genaue Geschichte der Kämpfe (1915–1917) um den heißestumstrittenen Berg der Dolomiten, verfasst auf Grund österreichischer Truppenakten und authentischer Berichte sowie italienischer kriegsgeschichtlicher Werke (= Schriftenreihe zur Zeitgeschichte Tirols, Bd. 3), Neudruck der Aufl. von 1935, Nürnberg o. J.

SCHWARTE, Max (Hrsg.): Der Weltkampf um Ehre und Recht. Die Erforschung des Krieges in seiner wahren Begebenheit, auf amtliche Urkunden und Akten beruhend. Bd. 5: Der österreichisch-ungarische Krieg, Leipzig 1922.

STEGEMANN, Hermann: Geschichte des Krieges, Bd. 3, Stuttgart/Berlin 1919.

VOLKMANN, Erich Otto: Der große Krieg 1914–1918. Kurzgefasste Darstellung auf Grund der amtlichen Quellen des Reichsarchivs, Berlin 1922.

STRATZ, Rudolph: Der Weltkrieg. Ein deutsches Volksbuch von dem Weltgeschehen 1914–1918, Berlin 1933.

**Regimentsgeschichten und Einzeldarstellungen von Truppenteilen**

BOMHARD, Adolf von: Das K.B. Infanterie-Leib-Regiment. Nach den amtlichen Kriegstagebüchern bearb. von Adolf von Bomhard (= Erinnerungsblätter deutscher Regimenter, Bayerische Armee, Heft 1), München 1921.

BREITENACHER, Martin: Das Alpenkorps 1914–1918, Berlin 1939.

BURTSCHER, Guido: Das deutsche Alpenkorps unter der Führung des Generals Konrad Krafft von Dellmensingen, Bregenz 1939.

FELDMANN, Heinrich: Unsere Taten und Fahrten. Das Großherzoglich-Mecklenburgische Reserve-Jäger-Bataillon Nr. 14 im Weltkrieg 1914–1918 (= Erinnerungsblätter deutscher Regimenter, Truppenteile des ehemaligen preußischen Kontingents, Bd. 265), Oldenburg/Berlin 1929.

Gedenkblatt zum Einzug der Schneeschuh-Truppen in Immenstadt am 15. Juli 1915. Gewidmet der 1. Kompagnie, o.O. 1915.

HOCK, Karl Bruno/GOLLWITZER, Fritz (Hrsg.): „Jäger vor!" Erinnerungs- und Gedenkbuch der Aschaffenburger Jäger (2. bayer. Jägerbataillon, bayer. Res. Jäger-Bataillon Nr. 2, Radfahrer- und Ersatz-Radfahrer-Kompanie), München 1936.

JUNG, Fritz: Goslarer Jäger im Weltkrieg. 1. Bd., Das Hannoversche Jägerbataillon Nr. 10, Hildesheim 1933.

LANZ, Hubert: Die Württ. Gebirgs- und Sturmtruppen im Weltkrieg 1914–1918, Stuttgart 1929.

LUTHER, Carl J.: Schneeschuhläufer im Krieg, München 1915.

MÜLLER, E. Fr.: Der Blinker im Weltkrieg. Ein Erinnerungsbuch für ehemalige Blinker und Blinkerfreunde, Weimar 1920.

KRAFFT VON DELLMENSINGEN, Konrad: Reims-Verdun, in: REICH, Albert: Das Deutsche Alpenkorps im Westen und Rückmarsch in Serbien. Ein Erinnerungswerk für Kriegsteilnehmer, München o. J., S. 5–26.

PAULUS, Karl: K.B. Jäger-Regiment Nr. 1. Nach den amtlichen Kriegstagebüchern bearbeitet. Und die Stammabteilungen des Regiments: Das K.B. 1. Jäger-Bataillon König, das K.B. 2. Jäger-Bataillon, das K.B. Reserve-Jäger-Bataillon Nr. 2 (= Erinnerungsblätter deutscher Regimenter, Bayerische Armee, Heft 35), München 1925.

RANGO, Ralf von: Das Jäger-Regiment Nr. 3. Nach den amtlichen Kriegstagebüchern und Berichten von Mitkämpfern (= Erinnerungsblätter deutscher Regimenter, Truppenteile des ehemaligen preußischen Kontingents, Bd. 268.), München 1929.

REICH, Albert: Unser deutsches Alpenkorps in Tirol. Ein Erinnerungswerk, Dießen o. J.

DERS.: Dolomitenwacht. Ein Werk zur Erinnerung an die gemeinsame Verteidigung Tirols durch österreichische und deutsche Truppen, Dießen o. J.

DERS.: Das Deutsche Alpenkorps im Westen und Rückmarsch in Serbien. Ein Erinnerungswerk für Kriegsteilnehmer, München o. J.

SPROESSER, Theodor: Geschichte der württembergischen Gebirgsschützen: Württ. Schneeschuh-Kompanie Nr. 1, Württ. Gebirgs-Kompanie Nr. 1, Württ. Gebirgs-Bataillon, Württ. Gebirgs-Regiment, Stuttgart 1933.

**Sonstige gedruckte Quellen**

Auskunftsbuch über Krieg, Heer und Flotte. Was jedermann über Krieg, Heer und Flotte wissen muss, Berlin 1915.

BURTSCHER, Guido: Die Kämpfe in den Felsen der Tofana. Geschichte der von Mai 1915 bis November 1918 heißumstrittenen Kampfabschnitte Travenanzes und Lagazuoi, 2. verb. und erw. Aufl., Bregenz 1935.

CONTAG, Alfred: Kampf um Tirol, Berlin 1918.

FRÖHLICH, EDUARD: Der Kampf um die Berge Tirols in österreichischer und italienischer Darstellung, Bregenz 1932.

GINZKEY, Franz Karl: Die Front in Tirol, Berlin 1916.

HANDL, Leo: Der Krieg im Bauch des Gletschers, in: LANGES, Gunther: Die Front in Fels und Eis. Der Weltkrieg 1914–1918 im Hochgebirge, 10. Aufl., Bozen 1994, S. 130–156.

Illustrierte Geschichte des Weltkrieges 1914/15. Bd. 2: enthaltend die Ereignisse von 1. Januar bis 30. Juni 1915, Stuttgart u.a. o. J.

KISSENBERTH, Josef [Otto]: Bombenflug im Hochgebirge, in: Langsdorff, Werner von: Flieger am Feind, Gütersloh 1934, S. 29–32.

KLEBERG, Contag von: Kämpfe deutscher Jäger in den Felsen der Dolomiten, in: LANGES, Gunther: Die Front in Fels und Eis. Der Weltkrieg 1914–1918 im Hochgebirge, 10. Aufl., Bozen 1994, S. 81–103.

LANGES, Gunther: Die Front in Fels und Eis. Der Weltkrieg 1914–1918 im Hochgebirge, 10. Aufl., Bozen 1994.

PAULCKE, Wilhelm: Berge als Schicksal, München 1936.

RIGELE, Fritz: Die k.u.k. Bergführertruppe im Weltkriege, in: Zeitschrift des D. Ö. A. V. Bd. 59 (1928), S. 249–265.

RÖCK, Christian: Die Festung im Gletscher. Vom Heldentum im Alpenkrieg, Berlin 1935.

DERS.: Das Fähnlein von Trafoi, Leipzig 1937.

SCHALEK, Alice: Tirol in Waffen. Kriegsberichte von der Tiroler Front, München 1915.

STROBL, Hans Karl: Der Krieg im Alpenrot, Berlin 1916.

TRUTTER, Hans: Einführung, in: REICH, Albert: Dolomitenwacht. Ein Werk zur Erinnerung an die gemeinsame Verteidigung Tirols durch österreichische und deutsche Truppen, Dießen o. J., S. 5–16.

## Literaturverzeichnis

AFFLERBACH, Holger: Vom Bündnispartner zum Kriegsgegner. Ursachen und Folgen des italienischen Kriegseintritts im Mai 1915, in: KUPRIAN, Hermann J. W./ÜBEREGGER, Oswald (Hrsg.): Der Erste Weltkrieg im Alpenraum. Erfahrung, Deutung, Erinnerung, Innsbruck 2006, S. 15–32.

ALEXANDER, Helmut: Der Dolomitenkrieg im „Tiroler" Film, in: EISTERER, Klaus/STEININGER, Rolf (Hrsg.): Tirol und der Erste Weltkrieg (= Innsbrucker Forschungen zur Zeitgeschichte Bd. 12), Innsbruck/Wien 1995, S. 227–253.

BENKEL, Manfred: Gebirgspioniere. Die Geschichte einer Spezialtruppe 1915–1990, Osnabrück 1991.

Bibliographie zur Geschichte Österreich-Ungarns im Weltkrieg 1914–1918, Stuttgart 1934.

BOBBIO, Laura/ILLING, Stefano (Hrsg.): Der Große Krieg auf dem Kleinen Lagazuoi, 2. überarb. und erw. Aufl., Cortina d'Ampezzo 1999.

BOSSI-FEDRIGOTTI, Anton Graf: Standschütze Bruggler, Berlin 1934.

DERS.: Kaiserjäger am Col di Lana, Berlin/Leipzig/Wien 1934.

DERS.: Tirol bleibt Tirol, München 1935.

DERS.: Kaiserjäger – Ruhm und Ende. Nach dem Kriegstagebuch des Oberst v. Cordier, Graz/Stuttgart 1977.

DERS.: Col di Lana. Klavarienberg dreier Heere, nacherzählt nach kriegsgeschichtlichen Unterlagen und persönlichen Aufzeichnungen, München 1979.

BRANDAUER, Isabelle: Menschenmaterial Soldat. Alltagsleben an der Dolomitenfront im Ersten Weltkrieg 1915–1917 (= Nearchos, Bd. 1, 2007), Innsbruck 2007.

BRÜHL, Reinhard (Hrsg.): Wörterbuch zur deutschen Militärgeschichte, Bd. 1: A–Me, Berlin 1985.

CLAUSEWITZ, Carl von: Vom Kriege, Leipzig 1937.

CZANT, Hermann, Die Dolomiten und der Weltkrieg, in: FISCHER, Hans: Dolomiten. Worte und Bilder, Neuausgabe, München 1934, S. 101–114.

CZIBULKA, Alfons von: Kampf in den Bergen. Heldentaten unserer Soldaten an der Alpenfront, Stuttgart 1939.

Der Erste Weltkrieg 1914–1918. Die Tiroler Front 1915–1918, Ausstellungskatalog, o.O. o. J. [2005].

DŽAMBO, Jozo: Armis et litteris – Kriegsberichterstattung, Kriegspropaganda und Kriegsdokumentation in der k.u.k. Armee 1914–1918, in: DERS. (Hrsg.): Musen an die Front! Schriftsteller und Künstler im Dienst der k.u.k. Kriegspropaganda, Teil 1, München 2003, S. 10–37.

ETSCHMANN, Wolfgang: Die Südfront 1915–1918, in: EISTERER, Klaus/STEININGER, Rolf (Hrsg.): Tirol und der Erste Weltkrieg (= Innsbrucker Forschungen zur Zeitgeschichte, Bd. 12), Innsbruck/Wien 1995, S. 27–60.

GOLOWITSCH, Helmut: „Und kommt der Feind ins Land herein ...". Schützen verteidigen Tirol und Kärnten (= Schriftenreihe zur Zeitgeschichte Tirols, Bd. 6), Nürnberg 1985.

GUNDOLF, Hubert: Um Tirols Freiheit, Innsbruck 1981.

HARTUNGEN, Christoph von: Die Tiroler und Vorarlberger Standschützen – Mythos und Realität, in: EISTERER, Klaus/STEININGER, Rolf (Hrsg.): Tirol und der Erste Weltkrieg (= Innsbrucker Forschungen zur Zeitgeschichte, Bd. 12), Innsbruck/Wien 1995, S. 61–104.

HAUSNER, Ernst: Col di Lana. Auf verlorenem Posten, Leipzig/Wien 1931.

HEBERT, Günther: Das Alpenkorps. Aufbau, Organisation und Einsatz einer Gebirgstruppe im Ersten Weltkrieg (= Wehrwissenschaftliche Forschungen, Bd. 33), Boppard am Rhein 1988.

HEYDENREUTER, Reinhard: Tirol unter dem bayerischen Löwen. Geschichte einer wechselhaften Beziehung, Regensburg 2008.

HEYL, Gerhard: Das Edelweiß, in: AICHNER, Ernst (Hrsg.): Deutsche Gebirgstruppen vom 1. Weltkrieg bis zur Gegenwart (= Veröffentlichungen des Bayerischen Armeemuseums, Bd. 6), Ingolstadt 1983, S. 9–11.

DERS.: Das Alpenkorps 1915–1918 und die Entstehung der deutschen Gebirgstruppe, in: AICHNER, Ernst (Hrsg.): Deutsche Gebirgstruppen vom 1. Weltkrieg bis zur Gegenwart (= Veröffentlichungen des Bayerischen Armeemuseums, Bd. 6), Ingolstadt 1983, S. 13–28.

HORBACH, Joachim: Vom Alpenkorps zur Gebirgstruppe, in: SCHUHMANN, Eduard F.: Ein Jahrtausend wehrhaftes Bayern, München o. J., S. 35–40.

HUTER, Franz: Wehrverfassung und Schützenwesen in Tirol von den Anfängen bis 1918, Innsbruck/Wien/München 1960.

ILLING, Stefano/BRANDAUER, Isabelle: Der Erste Weltkrieg auf dem Sasso di Stria, Cortina d'Ampezzo 2008.

ISNENGHI, Mario: Art. Isonzo, in: HIRSCHFELD, Gerhard/KRUMEICH, Gerd/RENZ, Irina (Hrsg.): Enzyklopädie Erster Weltkrieg, Paderborn/München/Wien 2004, S. 589–590.

JARUSCHEK, Holger: Das deutsche Alpenkorps an der Dolomitenfront 1915. Manuskript, o.O. o. J.

JORDAN, Alexander: Krieg um die Alpen. Der Erste Weltkrieg im Alpenraum und der bayerische Grenzschutz in Tirol (= Zeitgeschichtliche Forschungen, Bd. 35), Berlin 2008.

KABISCH, Ernst: Helden in Fels und Eis. Bergkrieg in Tirol und Kärnten, Stuttgart 1937.

KALTENEGGER, Roland: Die Geschichte der deutschen Gebirgstruppe 1915 bis heute, Stuttgart 1980.

DERS.: Das deutsche Alpenkorps im Ersten Weltkrieg. Von den Dolomiten nach Verdun. Von den Karpaten zum Isonzo, Graz 1995.

KLAUER, Hans: Mit dem Alpenkorps an der Tiroler Front, in: Festschrift zum 50-jährigen Bestehen der Sektion Freiburg im Breisgau des Deutschen und Oesterreichischen Alpenvereins, Freiburg im Breisgau o. J. [1930], S. 133–138.

KLEE, Ernst: Das Kulturlexikon zum Dritten Reich. Wer war was vor und nach 1945, Frankfurt am Main 2007.

KLEIN, Fritz (Hrsg.): Deutschland im Ersten Weltkrieg. Bd. 2: Januar 1915 bis Oktober 1917, Berlin 1968.

KOSAR, Franz: Gebirgsartillerie. Geschichte, Waffen, Organisation, Stuttgart 1987.

KÜBLER, Peter/REIDER, Hugo: Kampf um die Drei Zinnen. Das Herzstück der Sextner Dolomiten 1915–1917 und heute, 4. Aufl., Bozen 1992.

KUPRIAN, Hermann J.W./ÜBEREGGER, Oswald (Hrsg.): Der Erste Weltkrieg im Alpenraum. Erfahrung, Deutung, Erinnerung, Innsbruck 2006.

LICHEM, Heinz von: Der einsame Krieg, 8. Aufl., Bozen 2002.

DERS.: Der Tiroler Hochgebirgskrieg 1915–1918 im Luftbild, Berwang 1989.

DERS.: Gebirgskrieg 1915–1918. Bd. 2: Die Dolomitenfront, 6. Aufl., Bozen 2001.

MAZOHL-WALLNIG, Brigitte/BARTH-SCALMANI, Gunda/KUPRIAN, Hermann J.W. (Hrsg.): Ein Krieg, zwei Schützengräben. Österreich-Italien und der Erste Weltkrieg in den Dolomiten 1915–1918, Bozen 2005.

MÖRL, Anton von: Standschützen verteidigen Tirol 1915–1918, Innsbruck 1958.

MÜLLER, Thomas: Konrad Krafft von Dellmensingen (1862–1953). Porträt eines bayerischen Offiziers (= Materialien zur bayerischen Landesgeschichte, Bd. 16), München 2002.

NETTELBECK, Uwe: Der Dolomitenkrieg, 3. Aufl., Frankfurt a. Main 1979.

OMPTEDA, Georg Freiherr von: Bergkrieg, Berlin 1932.

PANTENIUS, Hans Jürgen: Der Angriffsgedanke gegen Italien bei Conrad von Hötzendorf. Ein Beitrag zur Koalitionskriegsführung im Ersten Weltkrieg, 2 Bde., Köln/Wien 1984.

PFERSMANN VON EICHTHAL, Rudolf: Vom stillen Heldentum eines Volkes, in: KERCHNAWE, Hugo (Hrsg.): Im Felde unbesiegt. Erlebnisse im Weltkrieg erzählt von Mitkämpfern, Bd. 3: Österreich, München 1923, S. 282–295.

PÖHLMANN, Markus: Art. Konrad Krafft von Dellmensingen, in: HIRSCHFELD, Gerhard/KRUMEICH, Gerd/RENZ, Irina (Hrsg.): Enzyklopädie Erster Weltkrieg, Paderborn/München/Wien 2004, S. 625.

RÜDEL, Günther: Deutsche Gebirgsartillerie, in: DICKHUTH-HARRACH, Gustav von (Hrsg.): Im Felde unbesiegt. Erlebnisse im Weltkrieg erzählt von Mitkämpfern, Bd. 2, 2. Aufl., München 1922, S. 129–140.

SCHNEIDER, Thomas F. u.a.(Hrsg.): Die Autoren und Bücher der deutschsprachigen Literatur zum Ersten Weltkrieg 1914–1939. Ein bio-bibliographisches Handbuch, Göttingen 2008.

SCHAUMANN, Walther: Schauplätze des Gebirgskrieges, 5 Bde., Bassano 2009.

SCHAUMANN, Walther/SCHUBERT, Peter: Süd-West-Front. Österreich-Ungarn und Italien 1915–1918, Klosterburg/Wien o. J.

SEIDL, Ulf: Wehrraum Alpenland. Das Gelände des deutschen Alpenraumes und die Geschichte seiner Kriege und Fehden, Innsbruck 1943.

SPRINGENSCHMID, Karl: Die Front über den Gipfeln. Geschichten aus dem Krieg in den Alpen, 5. Aufl., Potsdam 1935.

DERS.: Saat in der Nacht. Bauernschicksal in Südtirol, Salzburg u.a. 1936.

STADTARCHIV INNSBRUCK (Hrsg.): Militärische und zivile Kriegserfahrung 1914–1918 (= Schriftenreihe des Innsbrucker Stadtarchivs, Bd. 11), Innsbruck 2010.

STEININGER, Rolf: „Gott gebe, daß diese schwere Zeit bald ein Ende hat." Tirol und der Erste Weltkrieg, in: EISTERER, Klaus/STEININGER, Rolf (Hrsg.): Tirol und der Erste Weltkrieg (= Innsbrucker Forschungen zur Zeitgeschichte, Bd. 12), Innsbruck/Wien 1995, S. 7–25.

STORZ, Dieter: Art. Alpenkrieg, in: HIRSCHFELD, Gerhard/KRUMEICH, Gerd/RENZ, Irina (Hrsg.): Enzyklopädie Erster Weltkrieg, Paderborn/München/Wien 2004, S. 331–334.

STRIFFLER, Robert: Der Minenkrieg in den Dolomiten. Lagazuoi, Schreckenstein (= Schriftenreihe zur Zeitgeschichte Tirols, Bd. 9), Nürnberg 1993.

DERS.: Der Minenkrieg in Ladinien. Col di Lana (= Schriftenreihe zur Zeitgeschichte Tirols, Bd. 10), Nürnberg 1996.

TRENKER, Luis: Sperrfort Rocca Alta, Berlin 1937.

DERS.: Helden der Berge, Berlin 1936.

DERS.: Alles gut gegangen. Geschichten aus meinem Leben, Gütersloh o. J.

ÜBEREGGER, Oswald/RETTENWANDER, Matthias: Leben im Krieg. Die Tiroler „Heimatfront" im Ersten Weltkrieg, Bozen 2004.

ÜBEREGGER, Oswald: Erinnerungskriege. Der Erste Weltkrieg, Österreich und die Tiroler Kriegserinnerung in der Zwischenkriegszeit, Innsbruck 2011.

WACHTLER, Michael: Menschen im Krieg. Der Erste Weltkrieg in den Bergen, Bozen 2005.

WACHTLER, Michael/OBWEGS, Günther: Krieg in den Bergen. Dolomiten, Bozen 2003.

WACHTLER, Michael/GIACOMEL, Paolo/OBWEGS, Günther: Dolomiten. Krieg, Tod und Leid, Bozen 2004.

WACHTLER, Michael/DE BERNADIN, Andrea: Die Stadt im Eis an der Marmolata. Der Erste Weltkrieg im Innern der Gletscher, Bozen 2009.

WALDNER, Hansjörg: „Deutschland blickt auf uns Tiroler". Südtirol-Romane zwischen 1918 und 1945, Wien 1990.

DERS.: Waffenbrüderschaft an der Dolomitenfront, in: AMANN, Klaus/LENGAUER, Hubert (Hrsg.): Österreich und der Große Krieg 1914–1918. Die andere Seite der Geschichte, Wien 1989, S. 226–231.

# Bildnachweis

Sammlung Andreas Bauer (Essen): S. 8, 117
Sammlung Lutz Breckerfeld (Solingen): S. 106
Sammlung Brett Butterworth (Melbourne, Australien): S. 138

Sammlung Dirk Härle (München): S. 30, 51, 81, 101, 115

Sammlung Andreas Kammlodt (Limburg a.d. Lahn): S. 10, 28, 38-42, 53 (o.), 61, 68, 72, 96/97, 120

Sammlung Michael Lieber (Heilbronn): S. 90

Sammlung Hans Stockhardt (Niederaula-Hattenbach): S. 123

Sammlung Immanuel Voigt (Jena): S. 5, 8, 17, 18, 24, 27, 32, 36, 45-47, 49 (li.), 50, 52, 53 (u.), 58, 63, 66, 69, 71, 75, 77, 80, 82/83, 87, 91, 99, 104, 108, 111, 117, 129, 131, 134-136

Sammlung Michael Welch (Atlanta, USA): S. 49 (re.)

Sammlung Uwe Wiedemann (Augsburg): S. 12

Film „Standschütze Bruggler“ (1936): S. 146

Das Königlich Bayerische Infanterie-Leibregiment im Weltkrieg 1914/18 (1931): S. 153

# Dank

Alfons Gruber, Ingrid Marmsoler, Bernhard Thaler, Manuela Schwitzer (Athesia Verlag, Bozen), Rainer Seberich (Völs am Schlern), Stefan Gerber (Jena), Oswald Überegger (Bozen), Hans Heiss (Brixen), Holger Jaruschek (Xanten), Markus Wurzer (Graz), Matthias Pausch (Emden), Martin Sladeczek (Erfurt), Marlen Berger (Annaberg-Buchholz), Andreas Kammlodt (Limburg a. d. Lahn), Brett Butterworth (Melbourne, Australien), Michael Welch (Atlanta, USA), Marshall V. Daut (Davenport, USA), Hans-Dieter Zimmer (Battweiler), Michael Lieber (Heilbronn), Hans Stockhardt (Niederaula-Hattenbach), Dirk Härle (München), Detlef A. Rose (Eckental), Lutz Breckerfeld (Solingen), Andreas Bauer (Essen), Uwe Wiedemann (Augsburg), Wolfram und Christine Voigt, Inge Voigt (Zwickau/Sa.), Christin Voigt (Jena) sowie an alle, die zum Gelingen des Buches in irgendeiner Weise beigetragen haben und hier nicht namentlich genannt wurden.

# Gegen das Vergessen –

## Gedenkjahr 100 Jahre „Erster Weltkrieg“

**Immanuel Voigt M.A.** Geboren am 26. Februar 1984 in Zwickau (Sachsen), schulische Ausbildung in Darmstadt und Zwickau (Sachsen), Abitur 2004. Anschließend Studium der Neueren Geschichte und Anglistik/Amerikanistik an der TU Chemnitz von 2005 bis 2006, von 2006 bis 2011 Studium der Neueren Geschichte, Mittelalterlichen Geschichte und Religionswissenschaft an der Friedrich-Schiller-Universität Jena, Abschluss Magister Artium im Mai 2011 mit der Arbeit „Das Alpenkorps in Südtirol 1915. Ereignis und Erinnerung". Seit Juli 2011 Dissertation zum Thema „Stars des Krieges – biografische und erinnerungskulturelle Studien zu den deutschen Luftstreitkräften des Ersten Weltkrieges 1914–1945" an der Friedrich-Schiller-Universität Jena, seit Juni 2012 Promotionsstipendiat der Konrad-Adenauer-Stiftung e.V.